극락성불학교 29종 장엄

왕생론 강기

往生論 講記

천친보살 저著 / 담란대사 주注 / 정공법사 강술

도영스님 번역

일러두기

1. 《무량수경우바제사원생게(無量壽經優婆提舍願生偈, T.1524)》를 텍스트로 번역하였다.
2. 《무량수경강기》는 정공 큰스님께서 강설하신 법문에서 홍콩 불타교육협회에서 정리하여 간행한 《인식 서방극락세계의 진선미認識西方極樂世界的眞善美 – 極樂世界的二十九種莊嚴》를 번역하였다.
3. 《정수첩요》는 《왕생론》의 오념문에 의거하여 《무량수경》을 수지독송하기 위한 방편으로 하련거 거사가 저술한 책이다.

머리말

세존께서는 경전에서 "믿음은 도의 원천이자 공덕의 어머니이다."라고 말씀하셨습니다. 믿음은 도에 들어가는 원천이고 일체 공덕은 신심으로부터 생겨납니다. 신심을 성취하면 또 다른 문제는 성취하지 못할 것이 없습니다. 왜 신심이 없습니까? 사실의 진상을 잘 이해하지 못하였기 때문입니다. 사실의 진상을 또렷이 잘 이해하기만 하면 신심이 비로소 생겨날 수 있습니다!

현대인은 극락세계의 존재를 믿지 않고, 심지어 염불인 조차도 수학하다가 일정 단계에 이르면 슬럼프를 만나서 점차 신심을 잃어버리고 회의가 생깁니다. 그 원인을 캐보면 바로 극락세계의 아름다움을 이해하지 못하였기 때문입니다.

극락세계의 아름다움은 비록 언어 · 문자로 표현하기 어려울지라도 그것은 실제로 존재합니다. 단지 신원행을 진정으로 실천하기만 하면 직접 증늑할 수 있습니다. 사람마다 연분이 있어 부러워할 필요가 없습니다. 천친天親보살께서 증득하신 후 29가지 일로 우리에게 몸소 참가하게 하는 것처럼 극락세계의 생활환경 및 인사환경을 인지하게 하여 우리로 하여금 견고한 신심을 생기게 하셨습니다. 서방극락세계에 대해 깊이 믿어 의심하지 않을 뿐만 아니라 자신의 수행에서도 확실히 신심이 생깁니다. 이렇게 수학하여야 비로소 진정으로 괴로움을 여의고 즐거움에 도달할 수 있고 진정으로 법희 충만할 수 있습니다.

서방극락세계를 구체적으로 알기 위해서 이 책은 천친보살께서 지으신 《왕생론往生論》을 근거로 삼고 담란曇鸞법사의 《왕생론주往生論註》를 참조하여 정공법사의 극락세계 의보依報 · 정보正報 장엄의 일과 관련 있는 강좌를 발췌 정리한 것입니다. 이 책을 통하여 극락세계의 사事와 리理를 빠짐없이 알아서, 어떻게 경문의 도리와 가르침을 일상생활에서 마음을 움직이고 생각을 움직이는 가운데 적용할 수 있는지 명료해질 것입니다. 진정으로 부처님과 마음과 원이 같아지고 공덕과 수행이 같아져서 그렇게 정진하면 이번 생에 비로소 정토에 왕생하여 물러나지 않고 성불할 자신이 있습니다!

2013년 화장정종학회

목 차

무량수경 우바제사 원생게

無量壽經優婆提舍願生偈

바수반두(婆藪槃豆: 천친)보살 조造

원위元魏 보리류지菩提流支 역

[게송偈頌]

제1 예배문 · 제2 찬탄문 · 제3 작원문

세존이시여, 저는 일심으로
시방국토에 무량한 광명을 두루 비추는
무애광여래(아미타불)께 귀의하옵고
안락국토에 왕생하길 발원하옵니다.

世尊我一心 歸命盡十方 無礙光如來 願生安樂國。

저는 수다라(무량수경)의
진실 공덕상에 의지하여
원생게를 말하고 총지總持하여서

부처님의 가르침과 상응하고자 하나이다.

我依修多羅 真實功德相 說願偈總持 與佛教相應。

제4 관찰문

1) 국토의 장엄 관찰

저 극락세계의 모습을 관찰하오니
삼계 · 육도를 뛰어넘습니다.

觀彼世界相 勝過三界道

구경에 허공과 같아
광대하고 변제가 없습니다.

究竟如虛空 廣大無邊際。

평등대도인 대자비에서
세간 출세간의 선근이 생겨납니다.

正道大慈悲 出世善根生

청정 광명이 만족하여
거울 같고, 해와 달 같고, 수레바퀴 같습니다.

淨光明滿足 如鏡日月輪。

자성 속에 여러 진귀한 보배가 마련되어

미묘한 장엄을 구족합니다.

備諸珍寶性 具足妙莊嚴

무구광명의 불꽃이 활활 타올라
광명청정이 세간을 밝게 비춥니다.

無垢光焰熾 明淨曜世間。

자성보배의 공덕 풀이
부드럽고 좌우로 빙빙 돌아
만지는 사람에게 수승한 즐거움이 생기니,
가전린타보다 뛰어납니다.

寶性功德草 柔軟左右旋 觸者生勝樂 過迦旃隣陀。

칠보 연못엔 연꽃이 천만 가지로 피어나
연못과 개울을 가득 덮고,
미풍이 불어와 꽃잎들이 흔들리며
광명이 서로 뒤섞여 어지러이 구릅니다.

寶華千萬種 彌覆池流泉 微風動華葉 交錯光亂轉。

(대지에는) 궁전과 모든 누각,
시방찰토를 나타내어 걸림 없이 볼 수 있고
여러 보배로 된 다른 광명 빛깔의 보배 나무,
보배 난간이 두루 둘러싸고 있습니다.

宮殿諸樓閣 觀十方無礙 雜樹異光色 寶欄遍圍繞。

무량한 보배 방울이 교차하며 매달린
보배 그물이 허공에 두루 하여
갖가지 방울에서 나는 소리
미묘 법문을 연설합니다.

無量寶交絡 羅網遍虛空 種種鈴發響 宣吐妙法音。

보배 꽃과 보배 옷, 비 오듯 내려 장엄하고
무량한 향이 두루 훈습합니다.

雨華衣莊嚴 無量香普熏

부처님의 지혜 광명청정은 태양 같아서
우치와 암흑을 제거합니다.

佛慧明淨日 除世癡闇冥。

청정한 음성 심원한 진리 깨닫게 하고,
미묘한 음성 시방세계에 두루 들립니다.

梵聲語深遠 微妙聞十方

아미타부처님, 무상정등정각을 증득하시어
법왕으로 일체법에 자재하여 잘 주지하십니다.

正覺阿彌陀 法王善住持。

아미타여래의 청정한 연꽃 속 대중은
모두 정각의 보배연꽃에서 화생합니다.

如來淨華衆 正覺華化生

불법의 맛을 좋아하고 즐기니,
선정 삼매를 밥으로 삼습니다.

愛樂佛法味 禪三昧爲食。

영원히 몸과 마음의 고뇌 여의고
언제나 끊임없이 안락을 누립니다.

永離身心惱 受樂常無間

극락세계는 대승의 선근경계로
평등하여 싫어하는 이름이 없나니,

大乘善根界 等無譏嫌名。

여인과 장애인으로 왕생하지 않고,
이승의 종성으로 왕생하지 않습니다.

女人及根缺 二乘種不生

중생이 원하고 좋아하는 것,
일체를 만족시킬 수 있습니다.

衆生所願樂 一切能滿足。

이런 까닭에 저 아미타부처님 국토에
태어나길 원하옵니다.

故我願往生 阿彌陀佛國

2) 부처님의 장엄관찰

무량한 대보배왕의
미묘 청정한 연화대를 법좌로 삼습니다.

無量大寶王 微妙淨花臺。

상호 신광은 일심의 거리만큼 비추고,
색신 형상은 일체 중생을 뛰어넘습니다.

相好光一尋 色像超群生

아미타여래의 미묘한 음성,
청정한 음성은 시방 일체국토에 두루 들립니다.

如來微妙聲 梵響聞十方。

지수화풍 같아 모두 공하고,
허공 같아 분별이 없습니다.

同地水火風 虛空無分別

천인은 모두 여여부동한 대중으로
청정 지혜의 바다에서 태어납니다.

天人不動衆 淸淨智海生。

(아미타여래는) **수미산왕과 같아**
그 수승하고 미묘함, 뛰어넘을 자 없습니다.

如須彌山王 勝妙無過者

천인과 대보살 대중은 (아미타부처님을)
공경하고 가깝게 지내며 우러러 받듭니다.

天人丈夫衆 恭敬繞瞻仰。

아미타부처님의 본원과 위신력을 관하여
부처님을 만나 헛되이 보내지 않는 사람에게
자성 공덕의 무량무변한 대보배 바다를
빠른 속도로 원만히 성취시켜줄 수 있습니다.

觀佛本願力 遇無空過者 能令速滿足 功德大寶海。

3) 보살의 장엄관찰

안락국토는 청정하여
무구법륜이 항상 구르고
화신 불보살은 태양처럼 시방세계에 두루 하고
수미산처럼 부동하여 주지합니다.

安樂國淸淨 常轉無垢輪 化佛菩薩日 如須彌住持。

무구장엄의 심광을 발하여
일념 및 일시에
일체 제불여래의 법회를 두루 비추어
모든 중생을 이롭게 합니다.

無垢莊嚴光 一念及一時 普照諸佛會 利益諸群生。

하늘 음악 · 하늘 꽃 · 하늘 옷, 미묘한 향 등을
비 오듯 내려 공양하면서
제불의 공덕을 찬탄하니
분별하는 마음이 없습니다.

雨天樂花衣 妙香等供養 讚佛諸功德 無有分別心。

시방세계 어디라도
불법의 공덕 보배 없는 곳에,
원하옵건대 제가 모두 가서
부처님처럼 불법을 펼쳐 보이겠나이다.

何等世界無 佛法功德寶 我皆願往生 示佛法如佛。

제5 회향문

제가 논을 짓고 게송을 지어 말하오니,
원하옵건대 아미타부처님을 친견하고

두루 모든 중생과 함께
안락국토에 왕생하게 하옵소서.

我作論說偈 願見彌陀佛 普共諸衆生 往生安樂國。

이로써 무량수경 장구에 근거하여
제가 게송을 지어 모두 말해 마치옵니다.

無量壽修多羅章句 我以偈總說竟。

[장행문長行文]

[제1중] 원생게의 대의를 밝히다

논하여 말하겠다. 이 원생게에서 어떤 뜻을 밝히고 있는가? 저 안락세계를 관찰하는 것은 아미타여래를 친견하고 저 국토에 태어나길 발원하는 까닭이다.

論日：此願偈明何義？觀安樂世界 見阿彌陀佛 願生彼國土故。

[제2중] 관찰하고 신심을 내다

어떻게 관찰하고, 어떻게 신심을 낼 것인가? 만약 선남자 선여인이 오념문五念門을 닦아 행을 성취하면 마침내 안락국토에 태어나저 아미타부처님을 친견할 것이다.

云何觀？云何生信心？若善男子善女人 修五念門成就者 畢竟得生安樂國土 見彼阿彌陀佛。

무엇이 오념문인가? 첫째 예배문禮拜門이요, 둘째 찬탄문贊歎門이요, 셋째 작원문作願門이요, 넷째 관찰문觀察門이요, 다섯째 회향문回向門이다.

何等五念門？一者禮拜門；二者讚歎門；三者作願門；四者觀察門；五者迴向門。

제1 예배문

어떻게 예배하는가? 신업으로 아미타여래 · 응공 · 정변지께 예배하는 것은 저 국토에 태어나려는 뜻을 내는 까닭이다.

云何禮拜？身業禮拜阿彌陀如來應正遍知 爲生彼國意故。

제2 찬탄문

어떻게 찬탄하는가? 구업으로 저 여래의 명호를 부르는 것은 저 여래의 광명 · 지혜 · 덕상처럼, 저 명호의 뜻처럼 실답게 수행하여 상응하고자 하는 까닭이다.

云何讚歎？口業讚歎稱彼如來名 如彼如來光明智相 如彼名義 欲如實修行相應故。

제3 작원문

어떻게 작원하는가? 마음으로 항상 작원하는 것은 일심으로 전념하여 마침내 안락국토에 왕생하여 실답게 사마타를 수행하고자 하는 까닭이다.

云何作願？心常作願 一心專念畢竟往生安樂國土 欲如實修行奢摩他故。

제4 관찰문

어떻게 관찰하는가? 저 국토를 지혜로 관찰하는 것은 정념正念으로 관하여 실답게 위파사나를 수행하고자 하는 까닭이다. 저 국토를 관찰하는 것에는 세 가지가 있다. 무엇이 세 가지인가? 첫째 저 불국토의 장엄공덕을 관찰하는 것이요, 둘째 아미타부처님의 장엄공덕을 관찰하는 것이요, 셋째 저 모든 보살들의 장엄공덕을 관찰하는 것이다.

云何觀察？智慧觀察 正念觀彼 欲如實修行毘婆舍那故。彼觀察有三種。何等三種？一者觀察彼佛國土功德莊嚴；二者觀察阿彌陀佛功德莊嚴；三者觀察彼諸菩薩功 德莊嚴。

제5 회향문

어떻게 회향하는가? 일체 고뇌하는 중생을 버리지 않기 위해서 항상 작원 · 회향을 우선으로 삼아 대비심을 성취하는 까닭이다.

云何迴向？不捨一切苦惱衆生 心常作願迴向爲首 成就大悲心故。

[제3중] 관하는 대상의 모습

1. 기器의 체성

1) 국토의 체상 관찰

어떻게 저 불국토의 장엄공덕을 관찰하는가?

저 불국토의 장엄공덕은 불가사의한 힘을 성취하는 까닭이고, 저 마니여의보의 자성처럼 서로 비슷하고 서로 대법對法하는 까닭이다. 저 부처님의 국토장엄 공덕성취를 관찰하는 것에는 17가지가 있으니, 마땅히 알아야 한다.

云何觀察彼佛國土功德莊嚴？彼佛國土功德莊嚴者 成就不可思議力故。如彼摩尼如意寶性 相似相對法故。觀察彼佛國土功德 莊嚴者 有十七種事應知。

무엇이 17가지인가?

첫째 장엄 「청정」 공덕성취요, 둘째 장엄 「양量」 공덕성취요, 셋째 장엄 「성性」 공덕성취요, 넷째 장엄 「형상」 공덕성취요, 다섯째 장엄 「종종사種種事」 공덕성취요, 여섯째 장엄 「묘색妙色」 공덕성취요, 일곱째 장엄 「촉觸」 공덕성취요, 여덟째 장엄 「삼종三種」 공덕성취요, 아홉째 장엄 「우雨」 공덕성취요, 열째 장엄 「광명」 공덕성취요, 열한째 장엄 「묘성妙聲」 공덕성취요, 열둘째 장엄 「주主」 공덕성취요, 열셋째 장엄 「권속」 공덕성취요, 열넷째 장엄 「수용受用」 공덕성취요, 열다섯째 장엄 「무제난無諸難」 공덕성취요, 열여섯째 장엄 「대의문大義門」 공덕성취요, 열일곱째 장엄 「일체소구만족一切所求滿足」 공덕성취이다.

何者十七？一者清淨功德成就；二者量功德成就；三者性功德成就；四者形相功德成就；五者種種事 功德成就；六者妙色功德成就；七者觸功德成就；八者莊嚴功德成就；九者雨功德成就；十者光明功德成就；十一者聲功德成 就；十二者主功德成就；十三者眷屬功德成就；十四者受用功德成就；十五者無諸難功德成就；十六者大義門功德成就；十七者 一切所求功德成就。

장엄 「청정」 공덕성취를 관찰하니, 원생게에서 "저 세계의 모습을 관찰하오니, 삼계 · 육도를 뛰어넘습니다." 라고 말한 까닭이다.

清淨功德成就者 偈言「觀彼世界相 勝過三界道」故。

장엄 「량」 공덕성취를 관찰하니, 원생게에서 "구경에는 허공과 같아 광대하고 변제가 없습니다."라고 말한 까닭이다.

量功德成就者 偈言「究竟如虛空 廣大無邊際」故。

장엄 「성」 공덕성취를 관찰하니, 원생게에서 “평등대도인 대자비에서 세간 출세간의 선근이 생겨납니다.”라고 말한 까닭이다.

性功德成就者 偈言「正道大慈悲 出世善根生」故。

장엄 「형상」 공덕성취를 관찰하니, 원생게에서 “청정 광명이 만족하여 거울 같고, 해와 달 같고, 수레바퀴 같습니다.”라고 말한 까닭이다.

形相功德成就者 偈言「淨光明滿足 如鏡日月輪」故。

장엄 「종종사」 공덕성취를 관찰하니, 원생게에서 “모두 자성 속에 진귀한 보배가 마련되어 미묘한 장엄을 구족합니다.”라고 말한 까닭이다.

種種事功德成就者 偈言「備諸珍寶性 具足妙莊嚴」故。

장엄 「묘색」 공덕성취를 관찰하니, 원생게에서 “무구광명의 불꽃이 활활 타올라 광명청정이 세간을 밝게 비춥니다.”라고 말한 까닭이다.

妙色功德成就者 偈言「無垢光焰熾 明淨曜世間」故。

장엄 「촉」 공덕성취를 관찰하니, 원생게에서 “자성보배의 공덕풀이 부드럽고 좌우로 빙빙 돌아 만지는 사람에게 수승한 즐거움이 생기니, 가전린타보다 뛰어납니다.”라고 말한 까닭이다.

觸功德成就者 偈言「寶性功德草 柔軟左右旋 觸者生勝樂 過迦旃隣陀」故。

장엄「삼종」공덕성취에는 세 가지 일이 있음을 마땅히 알아야 한다. 무엇이 세 가지인가? 첫째는 물이요, 둘째는 땅이요, 셋째는 허공이다.

莊嚴功德成就者 有三種應知。何等三？一者水；二者地；三者虛 空。

장엄「수」공덕성취를 관찰하니, 원생게에서 "칠보연못엔 연꽃이 천만 가지로 피어나 연못과 개울을 가득 덮고, 미풍이 불어와 꽃잎들이 흔들리며 광명이 서로 뒤섞여 어지러이 구릅니다." 라고 말한 까닭이다.

莊嚴水者 偈言「寶華千萬種 彌覆池流泉 微風動華葉 交錯光亂轉」故。

장엄「지」공덕성취를 관찰하니, 원생게에서 "(대지에는) 궁전과 모든 누각, 시방찰토를 나타내어 걸림 없이 볼 수 있고 여러 보배로 된 다른 광명 빛깔의 보배 나무, 보배 난간이 두루 둘러싸고 있습니다."라고 말한 까닭이다.

莊嚴地者 偈言「宮殿諸樓閣 觀十方無礙 雜樹異光色 寶欄遍圍繞」故。

장엄「허공」공덕성취를 관찰하니, 원생게에서 "무량한 보배 방울이 교차하며 매달린 보배 그물이 허공에 두루 하여 갖가지 방울에서 나는 소리, 미묘 법문을 연설합니다."라고 말한 까닭이다.

莊嚴虛空者 偈言「無量寶交絡 羅網遍虛空 種種鈴發響 宣吐妙法音」故。

장엄 「우」 공덕성취를 관찰하니, 원생게에서 "보배 꽃과 보배 옷, 비 오듯 내려 장엄하고 무량한 향이 두루 훈습합니다."라고 말한 까닭이다.

雨功德成就者　偈言「雨華衣莊嚴　無量香普熏」故。

장엄 「광명」 공덕성취를 관찰하니, 원생게에서 "부처님의 지혜 광명 · 청정은 태양 같아서 우치와 암흑을 제거합니다."라고 말한 까닭이다.

光明功德成就者　偈言「佛慧明淨日　除世癡闇冥」故。

장엄 「묘성」 공덕성취를 관찰하니, 원생게에서 "청정한 음성 심원한 진리 깨닫게 하고, 미묘한 음성 시방세계에 두루 들립니다."라고 말한 까닭이다.

妙聲功德成就者　偈言「梵聲語深遠　微妙聞十方」故。

장엄 「주」 공덕성취를 관찰하니, 원생게에서 "아미타부처님, 무상정등정각을 증득하시어 법왕으로 일체법에 자재하여 잘 주지하십니다." 라고 말한 까닭이다.

主功德成就者　偈言「正覺阿彌陀　法王善住持」故。

장엄 「권속」 공덕성취를 관찰하니, 원생게에서 "아미타여래의 청정한 연꽃 속 대중은 모두 정각의 보배 연꽃에서 화생합니다."라고 말한 까닭이다.

眷屬功德成就者 偈言「如來淨華衆 正覺華化 生」故。

장엄 「수용」 공덕성취를 관찰하니, 원생게에서 “(극락세계 보살은) 불법의 맛을 좋아하고 즐기니, 선정 삼매를 밥으로 삼습니다.” 라고 말한 까닭이다.

受用功德成就者 偈言「愛樂佛法味 禪三昧爲食」故。

장엄 「무제난」 공덕성취를 관찰하니, 원생게에서 “영원히 몸과 마음의 고뇌 여의고, 언제나 끊임없이 안락을 누립니다.”라고 말한 까닭이다.

無諸難功德成就者 偈言「永離身心惱 受樂常無間」故。

장엄 「대의문」 공덕성취를 관찰하니, 원생게에서 “극락세계는 대승의 선근경계로 평등하여 싫어하는 이름이 없나니, 여인과 장애인으로 왕생하지 않고 이승의 종성으로 왕생하지 않습니다.” 라고 말한 까닭이다. 정토의 과보는 두 가지 헐뜯고 싫어하는 허물을 여의었나니, 마땅히 알아야 한다. 첫째는 몸이고, 둘째는 이름이다. 몸에는 세 가지가 있으니, 첫째는 성문 · 연각 이승의 사람이고, 둘째는 여인이며, 셋째는 갖가지 제근의 장애인이다. 이 세 가지 허물이 없는 까닭에 몸에 헐뜯고 싫어하는 것을 여의었다고 한다. 이름도 세 가지가 있다. 몸에 세 가지가 있을 뿐만 아니라 이승 · 여인 · 갖가지 제근의 장애, 이 세 가지 이름이 없는 까닭에 헐뜯고 싫어하는 몸을 여의었다 말한다. “평등하여”란 평등하여 한 모습인 까닭이다.

大 義門功德成就者 偈言「大乘善根界 等無譏嫌名 女人及根缺 二乘種不生」故。淨土果報離二種譏嫌過應知：一者體；二者名。體有三種：一者二乘人；二者女人；三者諸根不具人。無此三過故 名離體譏嫌。名亦三種 非但無三體 乃至不聞二乘 女人 諸根不具三種名故 名離名譏嫌。等者平等一相故。

장엄 「일체소구만족」 공덕성취를 관찰하니, 원생게에서 "(극락세계에서는) 중생이 원하고 좋아하는 것, 일체를 만족시킬 수 있습니다."라고 말한 까닭이다.

一切所求功德滿足成就者 偈言「衆生所願樂 一切能滿足」故。

2) 자리이타를 보이다

간략히 저 아미타 부처님 국토의 17가지 장엄공덕 성취를 설함은 여래 자신을 이롭게 하는 대공덕력을 성취하고, 다른 사람을 이롭게 하는 공덕을 성취한 것을 보이신 까닭이다.

略說彼阿彌陀佛國土莊嚴十七種功德 示現如來自身利益大功德力 成就利益他功德成就故。

3) 제일의제에 들어가다

저 무량수불의 국토장엄은 제일의제第一義諦의 미묘한 경계상으로 16구 및 1구의 순서로 설하였음을 마땅히 알아야 한다!

彼無量壽佛土莊嚴 第一義諦妙境 界 十六句及一句次第說應知。

2. 중생의 체상

1) 부처님을 관찰하다

어떻게 부처님의 장엄공덕 성취를 관하는가? 부처님의 장엄공덕 성취를 관함에는 8가지 상이 있음을 마땅히 알아야 한다. 무엇이 8가지인가? 첫째는 장엄 「좌座」 공덕 성취요, 둘째는 장엄 「신업身業」 공덕 성취요, 셋째는 장엄 「구업口業」 공덕 성취요, 넷째는 장엄 「심업心業」 공덕 성취요, 다섯째는 장엄 「대중」 공덕 성취요, 여섯째 장엄 「상수上首」 공덕 성취요, 일곱째는 장엄 「주主」 공덕 성취요, 여덟째는 장엄 「불허작주지不虛作住持」 공덕 성취이다.

云何觀佛功德莊嚴成就？觀佛功德莊嚴成就者 有八種應知。何等八種？一者座莊嚴；二者身莊嚴；三者口莊嚴；四者心莊嚴； 五者衆莊嚴；六者上首莊嚴；七者主莊嚴；八者不虛作住持莊嚴。

무엇이 장엄 「좌」 공덕 성취인가? 원생게에서 "무량한 대보배왕의 미묘 청정한 연화대를 법좌로 삼습니다."라고 말한 까닭이다.

何者座莊嚴？偈言「無量大寶王 微妙淨華臺故」。

무엇이 장엄 「신업」 공덕 성취인가? 원생게에서 "상호의 광명이

일심의 거리만큼 비추고, 색상이 모든 중생보다 뛰어넘네."라고 말한 까닭이다.

何者身莊嚴？偈言「相好光一尋 色像超群生」故。

무엇이 장엄 「구업」 공덕 성취인가? 원생게에서 "아미타여래의 미묘한 음성, 청정한 음성은 시방 일체국토에 두루 들립니다." 라고 말한 까닭이다.

何者口莊嚴？偈言「如來微妙聲 梵響聞十方」故。

무엇이 장엄 「심업」 공덕 성취인가? 원생게에서 "지수화풍 같아 모두 공하고, 허공 같아 분별이 없습니다." 라고 말한 까닭이다. "분별이 없음"이란 분별심이 없는 까닭이다.

何者心莊嚴？偈言「同地水火風 虛空無分別」故。無分別者 無分別心故。

무엇이 장엄 「대중」 공덕 성취인가? 원생게에서 "천인은 모두 여여부동한 대중으로 청정 지혜의 바다에서 태어납니다."라고 말한 까닭이다.

何者衆莊嚴？偈言 「天人不動衆 淸淨智海生」故。

무엇이 장엄 「상수」 공덕 성취인가? 원생게에서 "(아미타부처님은) 수미산왕과 같아 그 수승하고 미묘함, 뛰어넘을 자 없습니다."라고 말한 까닭이다.

何者上首莊嚴？偈言「如須彌山王 勝妙無過者」故。

무엇이 장엄 「주」 공덕성취인가? 원생게에서 "천인과 대보살 대중은 (아미타부처님을) 공경하고 가깝게 지내며 우러러 받듭니다." 라고 말한 까닭이다.

何者主莊嚴？偈言「天人丈夫衆 恭敬繞瞻仰」故。

무엇이 장엄 「불허작주지」 공덕 성취인가? 원생게에서 "아미타부처님의 본원과 위신력을 관하여 부처님을 만나 헛되이 보내지 않는 사람에게 자성 공덕의 무량무변한 대보배 바다를 빠른 속도로 원만히 성취시켜줄 수 있습니다."라고 말한 까닭이다.

何者不虛作住持莊嚴？偈言「觀佛本願力 遇無空過者 能令速滿足 功德大寶海」故。

즉 저 부처님을 친견하면 아직 정심淨心을 증득하지 못한 보살이 마침내 평등법신을 증득하여 정심 보살과 상지上地의 모든 보살들과 마침내 같이 적멸평등을 얻는 까닭이다.

即見彼佛 未證淨心菩薩 畢竟得平等法身 與淨心菩薩無異 淨心菩薩與上地諸菩薩畢竟同得寂滅平等故。

이상으로 8구를 간략히 설하여 여래의 자리이타 공덕을 차례로 성취함을 보였음을 마땅히 알아야 한다!

略說八句 示現如來自利利他功德莊嚴次第成 就應知。

2) 보살을 관찰하다

어떻게 보살이 공덕장엄을 성취하는가? 보살의 공덕장엄을 성취함이란 저 보살의 공덕 성취를 관하는데 4가지 바른 수행이 있음을 마땅히 알아야 한다! 무엇이 4가지인가?

云何觀菩薩功德莊嚴成就？觀菩薩功德莊嚴成就者 觀彼菩薩有四種正修行功德成就應知。何等爲四？

첫째, 한 부처님 국토에서 몸을 움직이지 않고 시방에 두루 갖가지로 응화하여 실답게 수행하고 항상 불사를 짓는다. 원생게에서 말하길, "안락국토는 청정하여 무구법륜이 항상 구르고, 화신불보살은 태양처럼 시방세계에 두루 하며 수미산처럼 부동하여 주지합니다." 한 까닭이다. 여러 중생들로 하여금 진흙에서 연꽃을 피우게 하는 까닭이다.

一者於一佛土身不動搖 而遍十方種種應化 如實修行常作佛事。偈言「安樂國淸淨 常轉無垢輪 化佛菩薩日 如須彌住持」故 開諸衆生淤泥華故。

둘째, 저 응화신은 언제라도 앞도 뒤도 아니고, 일심 일념에 큰 방광을 놓아 빠짐없이 능히 두루 시방세계에 이르러 중생을 교화하신다. 갖가지 방편으로 수행하고 지은 공덕으로 일체 중생의 괴로움을 소멸하고 제거하는 까닭이다. 원생게에서 말하길, "무구장엄의 심광을 발하여 일념 및 일시에 일체 제불여래의 법회를

두루 비추어 모든 중생을 이롭게 합니다." 한 까닭이다.

二者彼應化身 一切時不前不後 一心一念放大光明 悉能遍至十方世界教化衆生 種種方便修行所作 滅除一切衆生苦故。偈言「無垢莊嚴光 一念及一時 普照諸佛會 利益諸群生」故。

셋째, 그들은 일체세계에서 남김없이 제불여래의 법회 대중들을 비추고, 남김없이 제불여래께 광대 무량하게 공양하고, 공경 · 찬탄한다. 원생게에서 말하길, "하늘 음악 · 하늘 꽃 · 하늘 옷 · 미묘한 향 등을 비 오듯 내려 공양하면서 제불의 공덕을 찬탄하니 분별하는 마음이 없습니다." 한 까닭이다.

三者彼於一切世界無餘 照諸佛會大衆無餘 廣大無量供養恭敬 讚歎諸佛如來。偈言「雨天樂華衣 妙香等供養 讚佛諸功德 無有分別心」故。

넷째, 저 시방 일체세계 어디라도 삼보가 없는 곳에 불법승 삼보의 공덕 대해를 주지住持하며 장엄하고, 두루 보여서 깨닫게 하여 실답게 수행하도록 한다. 원생게에서 말하길, "시방세계 어디라도 불법의 공덕 보배가 없는 곳에, 원하옵건대 제가 모두 가서 부처님처럼 불법을 펼쳐 보이겠나이다." 한 까닭이다.

四者彼於十方一切世界無三寶處 住持莊嚴佛 法僧寶功德大海 遍示令解如實修行。偈言「何等世界無 佛法功德寶 我皆願往生 示佛法如佛」故。

[제4중] 깨끗한 원심으로 장엄하다

또 앞에서 말한 것처럼 「불국토」의 공덕장엄 성취 · 「부처님」의 공덕장엄 성취 · 「보살」의 공덕장엄 성취, 이 세 가지 성취는 (48대원의) 원심願心으로 장엄된 것임을 마땅히 알아야 한다! 간략히 설하면 일법구一法句에 들어가는 까닭이다.

又向說佛國土功德莊嚴成就 佛功德莊嚴成就 菩薩功德成就 此三種成就 願心莊嚴 略說入一法句故。

일법구란 청정구를 말한다. 청정구란 진실한 지혜이며 무위법신이다.

一法句者 謂清淨句。清淨句者 謂真實智慧無爲法身故。

이 청정에는 두 가지가 있음을 마땅히 알아야 한다. 무엇이 두 가지인가? 첫째는 「기세간 청정」이고, 둘째는 「중생세간 청정」이다. 기세간 청정은 앞에서 말한 것처럼 17가지 불국토의 공덕장엄 성취를 「기세간 청정」이라 한다. 중생세간 청정은 앞에서 말한 것처럼 8가지 부처님의 공덕장엄 성취와 4가지 보살의 공덕장엄 성취를 「중생세간 청정」이라 한다. 이와 같이 일법구가 두 가지 청정한 뜻을 섭취함을 마땅히 알아야 한다.

此清淨有二種應知。何等二種？一者器世間清淨；二者衆生世間清淨。器世間清淨者 向說十七種佛國土功德莊嚴成就 是名器世間清淨。衆生世間清淨者 如向說八種佛功德莊嚴成就 四種菩薩功德莊嚴成就 是名衆生世間清淨。如是一法句 攝二種清淨應知。

[제5중] 선교방편을 회향하다

이와 같은 보살은 사마타와 위파사나의 자세하고 간략한 수행으로 유연심을 성취하였고, 실답게 자세하고 간략한 제법을 알아 이와 같이 선교방편으로 회향하는 행을 성취하였다. 보살의 선교방편 회향이란 무엇인가? 보살의 선교방편 회향이란 설한 바와 같이 예배 등 다섯 가지 수행으로 쌓은 일체 공덕 선근으로 자신이 누릴 즐거움을 구하지 않고, 일체 중생들의 괴로움을 뽑아버리고자 하는 까닭이다. 일체 중생을 거두어들여서 다 같이 저 안락국토에 태어나길 작원하는 것을 「보살의 선교방편 회향을 성취함」이라 한다.

是菩薩奢摩他 毘婆舍那廣略修行 成就柔軟心 如實知廣略諸法 如是成就巧方便迴向。何者菩薩巧方便迴向？菩薩巧方便 迴向者 謂說禮拜等五種修行所集一切功德善根 不求自身住持之樂 欲拔一切衆生苦故 作願攝取一切衆生 共同生彼安樂佛國。是名菩薩巧方便迴向成就。

[제6중] 보리심의 장애를 여의다

보살이 이와 같은 회향을 잘 알아 성취하면 세 가지 보리문에 서로 어긋나는 법을 멀리 여윌 수 있다. 무엇이 세 가지인가?

첫째, 지혜문에 의지하여야 한다. 자신의 즐거움을 구하지 않고, 나의 마음이 자신에게 탐착하는 것을 멀리 여의는 까닭이다.

둘째, 자비문에 의지하여야 한다. 일체 중생의 괴로움을 뽑아버리

고, 중생을 편안하게 하려고 하지 않는 마음을 멀리 여의는 까닭이다.

셋째, 방편문에 의지하여야 한다. 일체 중생을 연민하는 마음으로 자신에게 공양하고 공경하는 마음을 멀리 여의는 까닭이다.

이것을 세 가지 보리문에 서로 어긋나는 법을 멀리 여의는 것이라 한다.

菩薩如是善知迴向成就 遠離三種菩提門相違法。何等三種？一者依智慧門不求自樂 遠離我心 貪著自身故；二者依慈悲門 拔一切衆生苦 遠離無安衆生心故；三者依方便門 憐愍一切衆生心 遠離供養恭敬自身心故。是名遠離三種菩提門相違法故。

[제7중] 보리문에 수순하다

보살이 이와 같은 세 가지 보리문에 서로 어긋나는 문을 멀리 여읠 수 있는 것은 세 가지 보리문에 수순하는 법을 얻어 만족하는 까닭이다. 무엇이 세 가지인가?

첫째, 물들지 않은 청정심이다. 이로써 자신을 위해 모든 즐거움을 구하지 않는 까닭이다.

둘째, 안온하고 청정한 마음이다. 이로써 일체중생의 괴로움을 뽑아버리는 까닭이다.

셋째, 안락하고 청정한 마음이다. 이로써 일체중생으로 하여금

대보리를 얻게 하는 까닭이다. 이로써 중생을 거두어들여서 저 국토에 태어나게 하는 까닭이다.

이것이 세 가지 보리문에 수순하는 법에 만족함임을 마땅히 알아야 한다.

菩薩遠離如是三種菩提門相違法　得三種隨順菩提門法滿足故。何等三種？一者無染淸淨心 不以 爲自身求諸樂故；二者安淸淨心 以拔一切衆生苦故；三者樂淸淨心 以令一切衆生得大菩提故。以攝取衆生生彼國土故 是名三種隨順菩提門法滿足應知。

[제8중] 명칭에 의미를 섭취하고 대응시키다

앞에서 말한 지혜 · 자비 · 방편의 세 가지 문은 반야를 섭취하고, 반야는 방편을 섭취함을 마땅히 알아야 한다.

向說智慧 慈悲 方便三種門攝取般若 般若攝取方便應知。

앞에서 말한 나의 마음이 자신에게 탐착하지 않음 · 중생을 편안하게 하려고 하지 않는 마음을 멀리 여읨 · 자신에게 공양하고 공경하는 마음을 멀리 여읨, 이 세 가지 법이 보리심의 장애를 멀리 여읨을 마땅히 알아야 한다.

向說遠離我心不貪著自身 遠離無安衆生心 遠離供養恭敬自身心 此三種法遠離障菩提心應知。

앞에서 말한 물들지 않은 청정심 · 안온하고 청정한 마음 · 안락하고 청정한 마음, 이 세 가지 마음을 간략히 한 곳에 섭취하면 묘락승진심妙樂勝眞心을 성취함을 마땅히 알아야 한다!

向說無染清淨心 安清淨心 樂清淨心 此三種心略一處成就妙樂勝真心應知。

[제9중] 원하는 대로 일을 성취하다

이와 같이 보살의 지혜심 · 방편심 · 걸림 없는 마음 · 수승하고 참된 마음이 청정한 불국토에 태어나게 함을 마땅히 알아야 한다! 이것을 보살마하살이 다섯 가지 법문에 수순하여 일체 하는 일을 뜻하는 대로 자재하게 성취함이라 한다. 앞에서 말한 바와 같이 신업 · 구업 · 의업 · 지업智業 · 방편지업方便智業이 다섯 가지 법문에 수순하는 까닭이다.

如是菩薩智慧心 方便心 無障心 勝真心 能生清淨佛國土應知。是名菩薩摩訶薩隨順五種法門所作隨意自在成就。如向所 說 身業 口業 意業 智業 方便智業 隨順法門故。

[제10중] 이롭게 하는 행을 성취하다

또한 다섯 가지 문이 있어 점차로 다섯 가지 공덕을 성취하는 줄 마땅히 알아야 한다! 무엇이 다섯 가지 문인가? 첫째는 근문近門

이요, 둘째는 대회중문大會衆門이요, 셋째는 택문宅門이요, 넷째는 옥문屋門이요, 다섯째는 원림유희지문園林遊戲地門이다.

復有五種門漸次成就五種功德應知。何者五門？一者近門；二者大會衆門；三者宅門；四者屋門；五者園林遊戲地門。

이 다섯 가지 문중에서 처음 네 가지 문은 정토로 들어가 자신을 이롭게 하는 공덕을 성취하고, 다섯째 문은 정토에서 나와 타인을 이롭게 하는 공덕을 성취한다.

此五種門 初四種門成就入功德 第五門成就出功德。

들어감의 첫째 문은 아미타부처님께 예배함으로써 저 국토에 태어나려고 하는 까닭에 안락세계에 왕생할 수 있다. 이것을 들어감의 첫째 문이라 한다.

入第一門者 以禮拜阿彌 陀佛爲生彼國故 得生安樂世界 是名入第一門。

들어감의 두 번째 문은 아미타부처님께 찬탄함으로써 명호의 미묘한 뜻에 수순하여 여래의 명호를 칭념하고, 여래 지혜의 광명색신에 의지하여 수행하는 까닭에 여래 대회중수大會衆數에 들어갈 수 있다. 이것을 들어감의 두 번째 문이라 한다.

入第二門者 以讚歎阿彌陀佛 隨順名義稱如來名 依如來光明想修行故 得入大會衆數 是名入第二門。

들어감의 세 번째 문이란 일심으로 전념하여 저 국토에 태어나길 작원하고, 사마타 적정삼매를 닦는 까닭에 연화장 세계에 들어갈 수 있다. 이것을 들어감의 세 번째 문이라 한다.

入第三門者 以一心專念作願生彼 修奢摩他寂靜三昧行故 得入蓮華藏世界 是名入第三門。

들어감의 네 번째 문이란 저 국토의 미묘장엄을 일심으로 전념하며 관찰하여 위파사나를 닦는 까닭에 저곳에 이르러 갖가지 법미의 즐거움을 수용할 수 있다. 이것을 들어감의 네 번째 문이라 한다.

入第四門者 以專念觀察彼妙莊嚴 修毘婆舍那故 得到彼處受用種種法味樂 是名入第四門。

나옴의 다섯 번째 문이란 대자비로써 일체 고뇌하는 중생들을 관찰하여 화현의 몸을 나타내어 생사의 정원, 번뇌의 숲 가운데 들어가 신통으로 노닐며 그를 교화하는 곳에 이르러 본원력으로 회향하는 까닭이다. 이것을 나옴의 다섯 번째 문이라 한다!

出第五門 以大慈悲觀察一切苦惱衆生 亦應化身迴入生死園煩惱林中 遊

戲神通至教化地 以本願力迴向故 是名出第五門。

보살은 들어감의 네 가지 문으로 자신을 이롭게 하는 행을 성취함을 마땅히 알아야 한다! 보살은 나옴의 다섯 번째 문으로 회향하여 다른 사람을 이롭게 함을 성취함을 마땅히 알아야 한다!

菩薩入四種門 自利行成就應知；菩薩出第五門 利益他迴向行成就應知。

보살은 이와 같은 오념문의 행을 닦아, 자신을 이롭게 하고 남을 이롭게 하여, 속히 아뇩다라삼먁삼보리를 성취할 수 있는 까닭이다.

菩薩如是修五門行自利利他 速得成就阿耨多羅三藐三菩提故。

왕생론 강기

정공스님 강술

들어가는 말

불교는 종교가 아니라 석가모니부처님께서 일체중생에게 베푸신 지극히 선하고 원만한 교육입니다. 부처님께서는 우리에게 인간의 도리를 하며 어떻게 행복하고 아름다우며 원만한 인생을 살 수 있는지 가르쳐 주실 뿐만 아니라 우주와 인생의 진상을 일러주시어 우주만물은 어디서 오는지, 생명은 어디서 오는지, 나는 어디서 오는지 깨닫도록 도와주십니다. 부처님께서는 이러한 난제를 구경 원만하게 법문하실 수 있습니다. 석가모니부처님께서는 49년간 강경 설법하시어 법문이 무량합니다. 그 무량한 법문 중에서 정토법문을 선택하는 목적은 어디에 있습니까? 바로 불교에 있는 고등교육, 일생에 원만히 성불할 수 있는 교육을 받아들이는 것이 정토를 수학하는 목적입니다.

서방극락세계는 어떻게 성취됩니까? 《무량수경》을 보시면 아미타부처님께서 성불하시기 전에 매우 인자한 국왕이었습니다. 당시 세간자재왕여래께서 강경 설법하시고 계셨습니다. 그는 이 법문을 듣고 환희심이 생겨 위없는 보리심을 발하고, 나아가 왕위를 버리고 부처님을 따라 출가하였습니다. 출가한 후 법명을 「법장法藏」이라 하였습니다. 경전에서 법장보살이라 부르는 분이 바로 그입니다. 그는 세간자재왕여래를 가까이 모시며 부처님께 배움을 구하여 부처님과 같이 시방세계 일체 고난 받는 중생을 두루 제도하고 싶다는 대원을 발하였습니다.

이렇게 대원을 발하자, 세간자재왕불께서는 곧 그의 대원을 만족시키고자 하였습니다. 그래서 그를 위해 시방찰토 일체 제불세계의 의보 · 정보 장엄을 이해하기 쉽도록 말씀해주셨습니다. 부처님께서는 그에게 말씀을 들려주셨는데, 얼마나 오래 말씀하셨을까요? 1천억 년 동안 말씀하셨습니다. 뿐만 아니라 법장보살은 5겁의 시간동안 일체제불찰토를 자세하게 고찰하여 장점은 취하고 단점은 버렸습니다. 즉 법장은 일체 제불국토의 좋은 점은 전부 취하고, 일체제불찰토의 좋지 않은 점은 전혀 취하지 않았습니다. 바꾸어 말하면 서방극락세계는 근거 없는 상상이 아니고 쓸데없는 생각이 아니라는 것입니다. 그래서 서방극락세계는 어떻게 건립되었습니까? 하면 시방일체 제불찰토를 청사진으로 삼고 최후에 전체 매듭(總結)을 지었습니다. 이 전체 매듭이 바로 48원입니다. 48원은 바로 이렇게 유래된 것입니다.

이때문에 48원은 한번 발한 것이 아니라 스승님의 지도를 받아 시방제불찰토를 참방하여 느끼고서 발하고 끊임없이 누적하여 원만하게 성취한 대원입니다. 그래서 서방극락세계는 일체 제불찰토에서 가장 아름다운 세계로 변한 것입니다. 그것은 시방제불찰토를 원만하게 회집하여 크게 성취한 것으로 가장 구경원만한 수학환경입니다.

극락세계를 성취한 후 아미타부처님께서는 날마다 가르치고 배우신지 지금까지 10겁이 지났고 여태껏 이를 중단한 적이 없습니다.

그래서 극락세계는 순수하게 배우는 장소입니다. 이곳에는 단지 선생과 학생 두 종류의 사람만 있습니다. 선생님은 아미타부처님이시고, 학생은 바로 시방세계에서 극락세계에서 왕생한 중생입니다. 아미타부처님께서는 이러한 학생을 극진히 아끼고 보호하며 가르치고, 배우는 시설은 대단히 원만하여 여섯 감각대상(六塵 : 빛・소리・ 냄새・맛・감촉・생각)도 모두 설법하고, 어느 곳에서든지 모두 부처님의 강경설법을 들을 수 있습니다. 이는 왜 타방세계에서 수행은 무량겁이 있어야 성취할 수 있는지 극락세계에 가면 매우 빨리 성취할 수 있는지 설명합니다. 그 원인은 바로 그곳에서는 밀집하여 가르치고 몸에 배이도록 닦는다는 데 있습니다. 그래서 옛사람들이 설한 "일문에 깊이 들어가 장시간 오래 몸에 배도록 닦아야 한다"는 말씀처럼 오랫동안 몸에 배이도록 닦으면 저절로 깨달음이 열리고 불성을 볼 수 있습니다.

천친보살께서 지으신 《왕생론往生論》은 보살께서 만년에 《무량수경》에 의지해 지으신《원생게願生偈》로《무량수경우바제사원생게無量壽經優婆提捨願生偈》라고도 하고《무량수경론》이라고도 합니다. 이는 보살께서 후인에게 정토를 수학하도록 남겨 주신 심득보고心得報告입니다.

《왕생론》의 내용은 크게 두 부분으로 이루어져 있는데, 앞부분은 24수의 게송이고 뒷부분은 장행長行, 즉 논論으로 게송의 뜻을 명백하게 설명하고 있습니다. 게송문은 전부 다섯 개 단락으로 이루어져 있는데, 예경禮敬·칭찬稱讚·작원作願·관찰觀察·회향迴向의「오념문五念門」입니다. 이는 천친보살이 정토를 닦은 방법입니다.

첫째 수는 예배·찬탄·발원의 삼문을 포괄합니다. 둘째 수는 경전에 의거하여 논을 지음에 근거가 있음을 설명합니다. 셋째 수에서 23째 수까지 21수 전부는 오문에서「관찰문」입니다. 관찰문은 국토·부처님·보살 세 부분으로 나뉘고 이 세 가지 진실한 공덕장엄을 관합니다. 국토·부처님·보살의 공덕 장엄을 관함은 실제로는 바로「기세간청정器世間清淨」과「중생세간청정衆生世間清淨」을 관하는 것입니다. 이는 바로 국토장엄과 중생장엄입니다.

「기세간 청정」은 요즘말로 극락세계의 생활환경·학습환경을 뜻하는데, 천친보살께서는 17가지 일로 우리를 위해 소개하십니다. 「중생세간 청정」은 요즘말로 극락세계의 인사환경이 청정함을 가리키는데, 이 또한 두 부분으로 나뉩니다. 첫째 부분은 천친보살께서 8가지 일로 스승이신 아미타부처님을 소개하시고, 둘째 부분은 4개의 일로 극락세계의 학생을 소개하십니다. 기세간의 청정 · 국토의 청정 · 중생세간의 청정 · 부처님의 청정 · 보살의 청정은 청정한 세계입니다. 천친보살께서는 29가지 일로써 극락세계의 무량무변한 장엄을 아름답게 간명하게 요점을 집어 설명하시는데 이는 대단히 얻기 어렵습니다. 우리가 《왕생론》으로부터 극락세계의 수승함을 제대로 인식하기만 하면 이번 생에 염불하여 성불할 수 있습니다.

저자 소개

1. 천친보살天親菩薩

천친보살(세친보살이라고도 함)은 1천7백여 년 전 북인도에서 출생하셨습니다. 집에서 둘째로 형은 무착보살無著菩薩이고, 동생은 사자각師子覺 존자입니다. 무착과 천친은 인도에서 지명도가 매우 높아 거의 모르는 사람이 없을 정도였습니다. 천친은 대단히 총명하여 출가 후 소승의 승단에 몸을 담으면서 5백부론을 지었습니다. 그는 대승을 믿지 않아 언론을 발표하면서 대승을 비방하였습니다.

이후 형이 그에게 대승불법을 강해講解하였습니다. 그는 이를 들은 후 전부 통달하여 자신이 과거에 대승을 비방한 죄업을 참회하면서 혀를 잘라 사죄하겠다고 생각하였습니다. 무착보살은 그에게 "설사 네가 일천 개의 혀를 잘라도 법을 비방한 죄를 멸할 수 없다. 혀를 써서 대승을 비방할 수 있다면 또한 혀를 써서 대승을 선양할 수 있고 죄업을 멸할 수 있을 것이다." 권하였습니다. 이에 그는 잘못을 뉘우치고 대승을 수학하였고 대승경에 5백론을 지었는데, 《왕생정토론往生淨土論》(또한 《왕생론

往生論》이라고도 부름)도 그 가운데 일부입니다. 그래서 그는 천부논사千部論師라 불립니다.

천친보살은 《무량수경》을 읽은 후 매우 큰 계시를 얻었고, 성불의 첩경을 발견하였습니다. 그래서 극락세계에 태어나길 구하겠다고 발원하였습니다. 이에 《왕생론》을 지어 우리들에게 극락세계에 태어나길 구하는 방법을 가르쳤습니다. 이 논은 경문이 많지 않고 총 24수의 게송이 있고, 게송 한 수마다 4구, 매 구마다 다섯 글자가 있습니다. 모든 말은 그의 실제 체험에서 나왔습니다. 이는 《무량수경》의 모든 요의要義를 우리에게 명백히 말해 줍니다. 이 한편의 문장을 우리 후세 사람에 남겨 주어 이번 생에 서방극락세계에 가고 싶어 수행하는 가장 좋은 참고자료로 삼게 하였습니다.

2. 담란대사曇鸞大師

《왕생론》을 주석한 사람은 담란대사로 그는 남북조 시기의 고승으로 산시성 안문(山西雁門) 사람입니다. 어려서 출가하여 동정童貞 입도入道하였습니다. 후에 《대집론大集論》을 읽고서 경전에 주해하겠다고 발심했는데, 절반 사경하고서 병에 걸려 어쩔 수 없이 붓을 멈추고 치료를 받았습니다. 병에 걸린 이러한 경험으로 말미암아 그는 사람 목숨이 위태롭고 조석으로 무상하다 탄식하고서 먼저 장생불사를 얻는 법문을 구하고 다시 와서 불법을 홍양하겠다고 생각하였습니다.

이리하여 그는 강남에 가서 도홍경陶弘景을 예방하고 신선술을 배우길 청하였습니다. 도홍경은 그에게 《선경仙經》 10권을 전수하였습니다. 그는 얻은 후 매우 기뻐서 출발하여 북방으로 되돌아갔습니다. 낙양洛陽을 경유할 때 인도의 삼장법사인 보리류지菩提流支를 만났습니다. 그는 보리류지 삼장법사에게 묻기를, "불문에는 선경을 뛰어넘는 장생법문이 있습니까?" 삼장법사가 말하길, "이곳 어디에 장생불사의 법문이 있습니까? 설사 장수할 수 있어도 잠시 죽지 않는 것에 불과할 뿐 끝내 생사유전하니, 언급할 가치가 없습니다. 진정으로 장생하는 법은 불가에 비로소 있습니다."

삼장법사는 《16관경十六觀經》을 그에게 주면서 말하길, "이 법문을 배우면 다시는 육도를 유전하지 않고 더 이상 화복으로 성공하고 실패하거나 영욕을 얻고 잃거나 하는 일이 없으며 수명은 항하사 겁 수로 헤아릴 수 없습니다. 이는 금빛 신선인 석가모니부처님의 장생법문입니다." 하였습니다.

담란대사는 이 말을 듣고 크게 기뻐하였고, 그 자리에서 바로 선경을 불태워버렸습니다. 이로부터 정토 16관[1)]을 전수專修하였습니다. 그는 스스로 행하고 다른 사람을 교화하며 정토법문을 널리 홍양하고 무수한 중생을 교화하였습니다. 동위東魏의 황제는 그를 우러러 받들어 「신란神鸞」이란 칭호를 하사하였습니다. 남조南朝의 양무제는 그들 극진히 우러러 받들어 날마다 멀리 떨어져 있는 그가 있는 방향을 향해 절하였고 「북방육신보살」이라 존칭하였습니다.

어느 날 밤 담란대사의 방에 한 범승梵僧이 나타나서 그에게 말하길 "나는 용수이니라. 오랫동안 정토에 살고 있는데, 그대가 정업淨業을 부지런히 닦아 특별히 보러 왔노라." 하였습니다. 대사는 자신이 왕생할 시일이 이르렀음을 알고서 대중을 모아 훈계하여 말하길, "지옥의 여러 괴로움은 두렵지 않을 수 없으니, 구품의 정업은 닦지 않을 수 없다(地獄諸苦 不可不懼。九品淨業 不可不修)." 하였습니다. 제자들은 고성으로 염불하였습니다. 대사께서는 서쪽을 향해 염불하며 정례하고 왕생하셨습니다. 그 당시 수백 명의 제자들은 허공에서 번당幡幢과 화개花蓋가 서쪽에서 내려오는 것을 보았고 천상의 음악이 하늘에 가득하였는데, 오랜 시간이 지나서야 그쳤습니다.

---

1) 후술 「관경 16관」 참조

기세간청정器世間淸淨

[제1대과] 극락세계極樂世界의 생활환경

극락세계의 의보는 바로 극락세계의 생활환경입니다. 의보는 17가지를 말합니다. 무량무변한 공덕장엄은 17가지로 귀납됩니다.

무엇이 17가지인가?

첫째 장엄 청정 공덕성취요, 둘째 장엄 량量 공덕성취요, 셋째 장엄 성性 공덕성취요, 넷째 장엄 형상 공덕성취요, 다섯째 장엄 종종사種種事 공덕성취요, 여섯째 장엄 묘색妙色 공덕성취요, 일곱째 장엄 촉觸 공덕성취요, 여덟째 장엄 삼종三種 공덕성취요, 아홉째 장엄 우雨 공덕성취요, 열째 장엄 광명 공덕성취요, 열한째 장엄 묘성妙聲 공덕성취요, 열둘째 장엄 주主 공덕성취요, 열셋째 장엄 권속 공덕성취요, 열넷째 장엄 수용受用 공덕성취요, 열다섯째 장엄 무제난無諸難 공덕성취요, 열여섯째 장엄 대의문大義門 공덕성취요, 열일곱째 장엄 일체소구만족一切所求滿足 공덕성취이다.

[제1장엄 청정공덕성취]

오염이 전혀 없는 청정세계

천친보살께서 극락세계를 관찰할 때 가장 먼저 찬탄하시길, "장엄청정의 공덕을 성취하였다" 하셨습니다. 이 일구는 총설이자 총강령입니다. 이 구의 「청정공덕」 네 글자는 근본입니다. 바꾸어 말하면 극락세계의 수승한 아름다움은 모두 청정심에서 유래합니다. 청정은 총상總相입니다. 부처님께서는 청정, 이 부분으로부터 일체의 장엄청정공덕을 일으키십니다. 뒤쪽 16가지는 모두 이 일구에서 흘러나옵니다. 뒤쪽 16구에서 말씀하신 것은 세부 절節입니다.

우리는 이 세상에서 사람 몸을 얻어 확실히 삼차원 공간의 제한을 받습니다. 우리는 여기에 국한되면 돌파할 수 없는데 원인은 무엇일까요? 바로 우리에게 망상과 분별, 마음을 일으키고 생각을 움직이는 이러한 번뇌가 있기 때문입니다. 마음을 일으키고 생각을 움직임은 무명번뇌無明煩惱이고, 분별은 진사번뇌塵沙煩惱이며, 집착은 견사번뇌見思煩惱입니다. 이 세 가지 번뇌는 우리가 진심眞心을 쓰는데 장애가 됩니다. 그래서 우리는 현재 쓰는 마음은 망심으로 진심이 아닙니다. 망심은 생멸심이고, 진심은 생하지도 멸하지도 않습니다. 우리의 마음은 바로 이 생각입니까? 앞생각이 멸하고 뒷생각이 또 생기는 것을 생멸심이라 합니다. 이것이 망심입니다. 부처님께서는 진심을 쓰십니다. 진심은 청정심이요, 진심은 평등심이요, 진심은 자비심입니다. 우리의 마음은 오염되었고, 우리의 마음은 평온하지 않으며, 우리의 마음은 미혹·전도되어 있습니다.

진심은 현현하는 주체(能現)이고, 망심은 변화하는 주체(能變)입니다. **진심을 쓰기만 하면 대자재를 얻을 수 있고, 일진一眞으로 돌아가고 자성으로 돌아가는 능력이 생깁니다. 아미타부처님께서 극락세계를 건립한 일은 다른 뜻이 없고 우리를 도와 자성으로 돌아가게 하는 것입니다. 자성으로 돌아감은 바로 원만히 성불하고 구경의 불과를 증득함입니다.**

혜능대사는 견성見性을 하고 성性이 어떠한지, 간단히 묘사하였습니다. 오조대사께 "어찌 자성이 본래 갖추고 있음을 알았으리오? …… 어찌 자성이 능히 만법을 낼 수 있음을 알았으리오?(何期自性本來具足 何期自性能生萬法)" 말하였습니다. 자성은 청정하고 또한 조금도 오염이 없다고 말합니다. 우리의 진심은 청정합니다. 오염된 것은 망심으로 진심도 아니고, 자성도 아닙니다. 자성은 법마다 갖추어져 있어 조금도 흠결이 없습니다. 자성은 또한 만법으로 변화하여 나타날 수 있고, 한 법도 그것이 변하지 않은 것이 없습니다.

《무량수경》의 경전 제목은 「불설대승무량수장엄청정평등각경佛說大乘無量壽莊嚴淸淨平等覺經」입니다. 대승은 자성이 본래 갖추고 있는 지혜이고, 무량수는 덕德이며, 장엄은 상相입니다. 이는 바로 세존께서 《화엄경》에서 "일체중생에게는 모두 여래와 같은 지혜·덕·상이 있느니라(一切衆生皆有如來智慧德相)."2) 하신 말씀입니다. 지혜는 대승이고, 덕은 무량수이며, 상은 장엄한데, 이것이 일체중생의 자성 속에 본래 갖추고 있는 것입니다. 극락세계는 바로 우리 자신의 지혜·덕상이고, 게다가 아미타부처님의 사십팔원이 이렇게 변하여 나타난 것으로 진정으로 불가사의함을 알 수 있습니다.

《왕생론》에서 말씀하시길,

저 세계의 모습을 관찰하오니,
삼계·육도를 뛰어넘습니다.

(觀彼世界相 勝過三界道)

---

2) 부처님께서 보리수 아래에서 처음 정각正覺을 이루시고 (일체만유를 다 둘러보시고) 찬탄하며 말씀하시길, "기이하고 기이해라! 일체 중생이 모두 여래와 같은 지혜·덕·상이 있건마는 분별 망상으로 증득할 수 없구나."(菩提樹下 初成正覺 歎曰 奇哉奇哉 一切衆生 皆有如來智慧德相 以分別妄想而不能證得) _《화엄경》

극락세계 의정장엄은 삼계육도를 뛰어넘습니다. 삼계는 우리가 사는 사바세계 욕계·색계·무색계인데 어떤 모습입니까? 이는 오염된 모습으로 청정하지 않습니다. 우리가 사는 이 세상은 극락세계와 견줄 수 없습니다. 왜냐하면 극락세계는 법성토法性土이고, 극락세계 사람은 법성신法性身으로서 전부 법성法性이라 우리가 사는 이 세계와 완전히 다르기 때문입니다. 우리가 사는 세계는 법상토法相土이고, 우리가 얻은 이 육신은 법상신法相身으로 법성이 아닙니다. 법성은 생하지도 멸하지도 않고 조금도 오염이 없지만 법상은 곧 생이 있고 멸이 있어 오염된 것입니다.

우리가 사는 이 세계는 성주괴공成住壞空이 있고, 동물은 생노병사가 있어 늘 머물지 않고 영원하지 않습니다. 바로 천계·색계천·무색계천에는 수명이 비록 매우 길지라도 여전히 생멸이 있습니다. 바꾸어 말하면 그것은 영생하지도 않고, 영원불변의 존재도 아닙니다. 그러나 서방극락세계는 늘 그대로 건립되어 있어 영원히 바뀌지 않아 그 세계 사람들은 생노병사가 없고 화생한 존재입니다. 몸은 생하지도 멸하지도 않아 영원히 이런 모습이고 영원히 청정하며 영원히 바뀌지 않습니다. 그래서 「무량수」라고 부릅니다.

담란曇鸞법사의 《왕생론주》에서 말씀하시길, "아미타부처님께서 인지因地에서 수학하실 적에 왜 극락세계 국토의 청정공덕을 성취하겠다고 발원하였는가? 왜냐하면 삼계를 관찰하니,

삼계는 바로 육도로 중생의 망상 · 분별 · 집착에서 변하여 나타난 것이기 때문이다. 그래서 육도는 어디에서 유래한 것인가? 망상 · 분별 · 집착에서 유래한 것입니다. **육도에서 윤회하면 마치 고치를 짓는 누에와 같아 한 겹씩 자신을 안에 묶어 곤경에서 빠져나올 날이 없습니다.** 삼계육도 안의 중생은 모두 무명의 어리석음 어둠 가운데 있어 사실의 진상을 똑똑히 볼 수 없습니다. 실제로 삼계는 진실이 아닌 허위의 상으로 바퀴가 구르는 상, 윤회의 상이고, 오염의 상으로 청정하지 않으며, 무궁의 상으로 생사가 궁진함이 없어 육도윤회를 벗어날 수 없습니다. 삼계의 중생은 모두 미혹하여 깨닫지 못하고, 영원히 육도에서 서로 원한을 갚으며, 몸을 버리고 몸을 받는 일이 끝나지 않습니다. 이러한 일은 매우 두렵나니, 사람들이 깨닫지 못하고 있습니다.

경전 상에서는 우리가 사는 이 사바세계는 「오탁악세五濁惡世」라고 늘 말합니다. 「탁濁」은 혼탁으로 사상이 혼란하여 마음이 청정하지 못함을 가리킵니다. 「악惡」은 십악十惡으로 몸이 짓는 악은 살생 · 도둑질 · 삿된 음행이고, 입으로 짓는 악은 거짓말 · 이간질하는 말 · 험한 말 · 꾸미는 말이며, 마음으로 짓는 악은 탐냄 · 성냄 · 어리석음입니다. 이런 십악을 갖추지 않은 사람이 누가 있습니까? 모두다 십악을 짓고 있습니다. 예를 들면 우리는 비록 살생하지 않을지라도 살생하는 생각이 없습니까? 실제로 다른 사람에게 번뇌를 생기게 하고 다른 사람을 원망하는 것이 바로 살생하려는 마음입니다. 비록 살생하는 일을 하지 않지만, 살생하려는 생각이 있습니다. 비록 도둑질하는 행위가 없지만, 자기 잇속만 차지하려고 생각하면 바로 도둑 심보입니다. 그래서 곰곰이 생각해 보면, 우리는 날마다 십악을 짓는 일을 하고 있고, 염념마다 끊임없이 미혹을 일으키고 업을 짓습니다. 그래서 오랜 겁이 지나도 해탈을 할 수 없습니다.

법장보살은 중생이 삼계에 묶여서 크게 괴로움을 겪고 있고 해탈할 능력이 없음을 보고서 대비심을 일으켜, 이러한 육도에서 고난 받는 "중생을 허위에 빠지지 않는 곳, 육도에 전전하지 않는 곳, 생사가 무궁하지 않은 곳에, 필경에 안락과 대청정을 얻는 곳에 놓고자 국토의 청정공덕을 일으켰습니다."[3] 극락정토에서 현현하는 일체 청정상은 모두 여래의 법신지혜가 나타나는 것으로 중생의 업혹惑業이 이루는 것과 같지 않습니다. 그래서 영원히 파괴됨이 없고, 영원히 오염이 없는 것이 진실의 성취입니다.

---

3) "이 청정은 총상總相이다. 부처님이 본래 이 장엄청정공덕을 일으킨 이유는 삼계를 보니 허위에 빠진 상이고, 육도에 전전하는 상이며, (생사가) 무궁한 상이었기 때문이었다. 마치 자벌레가 순환(변태)하는 것 같고, 누에고치가 스스로 묶여있는 것과 같다. 슬프게도 중생들은 미혹 · 진도되어 청정하지 못하다. 중생을 허위에 빠지지 않은 곳에, 육도에 전전하지 않는 곳, 생사가 무궁하지 않은 곳, 필경에 안락과 대청정을 얻는 곳에 놓고자 하는 까닭에 이 청정장엄공덕을 일으켰다."
_《왕생론주》, 담란대사

우리는 이번 생에 진실로 해탈하고 싶다면 사실상 염불하여 정토에 태어나길 구하는 것만이 좋은 방법입니다! 왜냐하면 **우리의 생각은 끊을 수 없기 때문에 한마디 부처님명호로 그것을 눌러 둘 수 있을 뿐입니다. 이 생각이 선한 생각이든 악한 생각이든 관계없이 생각이 일어날 때 두 번째 생각을 아미타불로 바꾸기만 하면 됩니다.** 바꾸어 말하면 생각이 일어날 때 일념에 이어서 결정코 둘째 생각이 없으려면 둘째 생각을 아미타불로 바꾸면 됩니다. 이런 염불을 잘 염念한다고 합니다. 염이 오래 가면 확실히 분별 · 집착 · 망상을 조복시켜 머물러서(伏住) 현행現行이 일어나지 않으면 서방극락세계에 왕생하는 것은 결정코 연분이 있고, 또한 이번 생에 진정으로 영원히 윤회를 벗어나고 일생에 성불합니다.

우리가 「아미타불」 이 한마디 명호를 염하면 부처님의 역량이 우리를 가지加持하여 번뇌를 끊지 않아도 삼계를 벗어날 수 있습니다. 이는 어떤 제불찰토에서도 없는 상황으로 이를 「업을 지낸 채 왕생함(帶業往生)」이라 합니다. 이 한마디 명호는 또한 「무량각無量覺」의 뜻으로 시방삼세 일체제불의 공통 명호이자 자성의 덕호德號입니다. 아미타불을 염함이 바로 자성을 염함입니다. 옛날 대덕께서 우리에게 「자성미타自性彌陀 유심정토唯心淨土」라고 가르쳤습니다. 아미타불은 우리의 자성이 변하여 나타난 것이고, 극락세계는 우리의 자심自心이 변하여 나타난 것입니다.

그래서 아미타불과 극락세계는 우리와 일체입니다. 우리가 가고 싶다면 갈 수 없는 이치가 어디 있겠는가!

극락세계는 온갖 괴로움이 없고 재난이 없으며, 또한 삼악도도 없고 마장과 번뇌도 없으며, 육도윤회도 없고 생사도 없습니다. 서방극락세계에는 이런 사실이 없을 뿐만 아니라 이러한 명칭조차도 듣지 못합니다.[4] 이는 진정으로 안락한 대청정을 수학하는 처소입니다. 그래서 「극락」이라 합니다. 극락세계는 이렇게 좋습니다. 이는 아미타부처님의 진성한 지혜 때문에 우리 자성 안에 성덕 · 지혜 · 덕상이 아미타부처님 48원에 의지하여 변하여 나타난 것으로 시방세계 청정평등각이 생한 바입니다. 이것이 서방극락세계의 근원이고, 또한 그것이 도대체 어디에서 유래하는지 말합니다. 이것이 첫 번째 아름다움입니다.

---

4) "저 극락세계는 무량한 공덕장엄을 구족하고 있느니라. 온갖 괴로움과 여러 고난, 삼악도와 마장 · 번뇌의 이름도 영원히 없느니라."_《불설대승무량수장엄청정평등각경》, 제11품 극락세계의 장엄청정

[제2장엄 양量공덕성취]

한량이 없는 광대한 세계

두 번째 아름다움은 「장엄 양量 공덕성취」입니다. 여기서 「양」은 극락세계가 도대체 얼마나 큰지 말합니다.

《왕생론》에서 말씀하시길,

구경에는 허공과 같아
광대하고 변제가 없습니다.

究竟如虛空 廣大無邊際

이는 극락세계의 대지가 넓고 광대하여 끝을 한정할 수 없다는 표현입니다.[5] 끝을 한정할 수 없음은 극락세계는 한량이 없다는 뜻입니다. 법장보살이 시방찰토를 참방할 때 삼계가 협소함을 관찰하고서 '장엄 량 공덕'의 대원을 일으켰으니, 성불할 적에

5) "극락국토는 오직 저절로 칠보로 원만히 성취되어 있고 황금으로 땅이 포장되어 있으며, 관활·광대하고 평등·정대하여 한계가 없으며, 미묘·기특·화려하여 장엄청정이 시방 일체 세계를 뛰어넘느니라. _《불설대승무량수장엄청정평등각경》, 제11품 극락세계의 장엄청정

국토는 허공처럼 광대무변하여야 한다는 원입니다.

우리의 상식으로는 지구는 한량이 있고 태양계도 한량이 있으며 은하계도 한량이 있다고 말합니다. 부처님께서는 삼천대천세계도 한량이 있지만, 극락세계는 한량이 없다고 말씀하십니다. 극락세계의 정보正報와 의보依報는 진여본성이 나타난 상분(相分: 객관 · 인식대상)으로 극락세계에 왕생한 사람은 망상 분별 집착을 모두 내려놓습니다. 그래서 청정이 무량하고, 수명이 무량하며, 광명이 무량하고, 국토가 광대 · 무량하며 갖가지가 모두 무량하여 끝을 한정할 수 없습니다.

한량이 없다 함은 어떤 모습일까요? 고인은 말하길, "지극히 커서 바깥이 없고, 지극히 작아서 안이 없다(大而無外 小而無內)"6) 하였습니다. 대大는 바깥을 찾을 수 없고, 소小는 안을 찾을 수 없습니다. 부처님께서는 경전에서 비유를 들어 "겨자씨가 수미산을 납수하도다(芥子納須彌)." 하였습니다. 참깨 한 알처럼 작은 겨자씨가 매우 큰 수미산을 안에 포용할 수 있습니다. 이는 무엇을 말합니까? 자성, 진여본성을 말합니다. 극락세계는 자성이 변하여 나타난 것입니다. 《화엄경》에서는 미진微塵 안에 세계가 있다고 말합니다. 한 알의 진사(塵沙; 먼지 · 모래) 안에 대천세계가 들어 있고, 그 안의 대천세계에 또한 진사가 들어

6) "지극히 커서 밖이 없음을 일러 대일이라 하고 지극히 작아서 안이 없음을 일어 소일이라 한다(至大無外謂之大一 至大無內謂之小一)" 《장자》 천하天下편

있으며, 그 진사 안에 또한 대천세계가 들어있어 겹겹이 다함이 없습니다. 미진은 크게 확대하지 못하고, 바깥 세계는 축소할 수 없지만, 미진 속으로 들어가 본 세계는 바깥과 같습니다. 누가 들어갈 수 있습니까? 보현보살께서는 지극히 작아 안이 없는 세계 속으로 가서 참학하고 부처님께 공양하며 법문을 들으니, 진정으로 불가사의합니다! 이를 량量, 한량이 없음이라 합니다.

우리가 거주하는 세계는 서방극락세계와 본래 둘이 아닙니다. 왜냐하면 우리에게 망상 · 분별과 마음을 일으키고 생각을 움직이는 이러한 번뇌가 있어 그것이 우리의 진심인 자성을 장애합니다. 그래서 우리의 현재 심량은 대단히 협소하게 변하여 부부 두 사람조차 화합하지 못하고 포용할 수 없습니다. 심지어 자기 한 사람조차도 여전히 번뇌가 생겨서 자신과 자신이 모두 포용할 수 없습니다. 의식적이든 무의식적이든 일체중생과 원수를 맺고, 하늘을 원망하고 남을 탓하며, 늘 바깥의 사람이 와서 나와 대응한다고 여기지만, 실제로는 그렇지 않고 모두 스스로 짓고 스스로 받는 것입니다. 이는 모두 심량이 너무나 협소한 까닭입니다.

시방찰토의 중생은 망상 · 분별 · 집착이 있기 때문에 변하여 나타난 경계는 한량이 있어 공간이든 시간이든 모두 매우 협소합니다. 그러나 극락세계는 자성이 나타난 세계로 자성 안에서는 크고 작은 것이 없고, 시간도 공간도 없습니다. 공간이 없어 거리가 없고 시간이 없어 전후가 없습니다. 그래서 법계는 전체 그대로 일체입니다. 극락세계는 어디에 있는가 하면 진허공·변법계가 모두 극락세계입니다. 왜냐하면 모두 자성이기 때문입니다.

아미타부처님의 심량은 태허를 감싸고 항하사 세계에 두루하며, 그 나타난 국토는 광대하여 변제가 없습니다. 극락세계에 왕생한 사람은 그 수를 헤아리지 못하니, 극락세계는 붐비고 혼잡합니까? 혼잡해 보이지 않습니다. 이는 광대하고 변제가 없으며 대단히 넓고 광대하여 조금도 혼잡한 현상이 전혀 없습니다. 왜냐하면 국토는 변제가 없기 때문입니다. 그래서 왕생하는 사람이 얼마나 있든 상관없이 모두 시종일관 허공과 같이 탁 트여 광대합니다.

이로써 심량이 커야 함을 알 수 있습니다. 심량이 크면 복보가 크고 지혜도 큽니다. 심량이 작은 사람은 진실한 지혜가 없습니다. 진실한 지혜가 있는데, 어떻게 심량이 작겠습니까? 그래서 심량이 크면 복혜가 모두 크고 심량이 작으면 복혜가 모두 작습니다. 특히 정토를 수학하면, **정토는 대승이고 대승 중에서도 대승인데, 심량이 크지 않고서 어떻게 성취할 수 있겠습니까? 반드시 아미타부처님과 같은 큰 심량으로 일체를 포용할 수 있어야 합니다. 일체법에 자성을 여의지 않으면 일체법이 바로**

자신입니다.

우리가 사는 이 지구에는 사람이 가득 찰 것이라는 근심이 있지만 극락세계는 이러한 현상이 없습니다. 극락세계에는 사람이 훨씬 더 많지만, 각자 모두 매우 상쾌하다고 느끼고, 공간이 매우 크다고 느낍니다. 왜냐하면 자성에 꼭 맞기 때문입니다. 서방극락 경계의 환경은 성덕의 원만이 흘러나와서 이 경계는 우리가 지금 상상할 수 없습니다. 극락세계에 왕생하기만 하면 알게 될 것입니다. 극락왕생은 선 중의 선으로 이것 보다 더 선한 것은 없습니다. 「지극한 선에 머문다(止於至善)」(《대학》)는 경지야말로 진실을 말한 것입니다. 그것은 바로 서방극락세계에 가서 부처가 되어야 비로소 진정으로 지극한 선에 머물 수 있습니다. 성불하지 않으면 지극한 선에 머문다고 말할 수 없습니다.

[제3장엄 성性공덕성취]

사랑하는 마음이 충만한 자비세계

왜 극락세계는 무량수 · 무량광이고, 국토가 무량하며 갖가지 모두 무량할까요? 왜냐하면 그것은 자성에 꼭 맞게 변하여 나타난 것이기 때문입니다. 「장엄성莊嚴性 공덕성취」, 여기서 「성性」은 성질로서 자성 · 법성 · 진실성입니다. 현대과학의 용어로는 우주만유의 본체입니다.

담란법사께서는 《왕생론주》에서 세 가지 방면으로 「성性」 이 글자를 해석하셨습니다. 먼저 '체' 상에서 말하면 「성」은 근본의 뜻이고, 원인의 뜻입니다. 이 뜻은 "극락정토는 법성에 수순하여 일체제법의 근본에 어긋나지 않다"고 설명합니다. 이 근본은 요즘 말로 본체로서 극락세계는 본체에 어긋나지 않습니다.

'인因' 상에서 말하면 법장보살이 세자재왕여래의 법회에 참가한 가운데 그는 세자재왕불의 제자였습니다. 그때 그는 무생법인無生法忍을 깨달아 제법실상에 진정으로 명료하였으니, 이를 「성종성聖種性」이라 합니다. 이때 그는 성종성의 보살인데, 자성 가운데 48원을 발하니, 범부의 발원처럼 의意 · 식識 · 심心에서 발한 것이 아니라, 발한 원이 변한 것입니다. 법장보살이 발한 원은 어떠한 고난과 어려움에 상관없이 영원히 물러나지 않고 바뀌지 않으니, 그의 이 원은 자성에서 발하여 나온 것입니다. 극락세계는 청정인淸淨因으로 법성과 완전히 상응하는 인연에서 얻은 것으로, 늘 말하는 「과 가운데 인을 설한 것(果中說因)」입니다. 이 인因이 바로 성입니다. 성종성聖種性 가운데 안온히 머물러 정토장엄을 닦는 것을 「성공덕성취」라 부릅니다.

또 한 가지 설법이 있으니, 「성」은 또한 「적습성성積習成性」이라 말합니다. 이 성은 본성이 아니라 습성을 말합니다. 습성은 법장보살이 무량한 공덕을 모아서 맺은 것으로 그의 수행공덕이 자성과 상응하였음을 말합니다. 그래서 습성은 본성과 상응합니다. 법장보살은 인지因地 때에 습성이 본성과 같아서 그의 습성은 본성과 상응하였습니다.

작용 상에서 말하면 또한 성은 필연의 뜻이고, 고칠 수 없다는 뜻입니다. 모든 일체 제불찰토에서 왕생한 극락세계 사람은 한 사람도 청정법신, 청정심이 아닌 사람이 없습니다. 안락국토의 청정성은 큰 바다의 물이 그 성질은 동일한 짠맛인 것과 같습니다. 갖가지 물이 큰 바다로 흘러 들어오면 반드시 동일한 맛이 되듯이 어떠한 중생이 극락정토로 나아가 들어오면 몸과 마음은 모두 오염에서 청정으로 바뀌고 마침내 함께 청정평등무위법신을 증득해 모두 불도를 이룹니다.

《왕생론》에서 극락정토의 본질을 관찰하라고 가르치시며, 게송을 지어 말씀하시길,

**“평등 대도인 대자비에서
세간 출세간의 선근이 생겨납니다.”**

(正道大慈悲 出世善根生)

정도는 바로 평등대도입니다. 《유마경》에서 말씀하시길, “평등심이 도이고 청정심이 도이니라.” 하셨습니다. 일체만법은 본래 평등합니다. 오늘 우리가 일체법이 왜 평등한지 의아해하는 것은 우리의 마음이 불평등하기 때문입니다. 제불보살은 평등심을 가져서 일체법이 모두 평등하다고 봅니다. 그래서 우리는 제불보살께 배워서 청정심 평등심을 가져서 일을 처리하고 사람을 대하며 물건을 접해야 합니다.

옛 선조들은 본성은 본래 선하다고 말합니다. 불법에서는 자성 또는 법성이라 부릅니다. 법성은 바로 진심입니다. 진심은 사랑이고, 진심은 대자비입니다. 자비는 바로 사랑입니다. 불경에서는 사랑이란 말을 쓰지 않고, 자비란 말을 씁니다. 자비는 영원히 변하지 않는 사랑하는 마음입니다. 세간의 사랑은 정념으로 인한 집착으로 변하고 부상합니다. 이러한 사랑은 진실이 아닙니다. 자비는 이성적이고 이지적인 사랑으로 영원히 바뀌지 않는

진실한 사랑입니다. 그것의 기초는 자성입니다. 자성 안의 자비는 변화되지 않습니다. 그래서 **자비는 「중생에 대한 조건 없이 베푸는 큰 자애, 중생과 같은 몸으로 느끼는 큰 연민**(無緣大慈同體大悲)**」이라 부릅니다.** 「무연無緣」은 바로 조건이 없다는 뜻입니다. 진정으로 마음과 경계가 일여한 경계에 도달하고, 중생과 부처가 둘이 아니고, 만법이 일체인 경계에 들어감을 대자대비大慈大悲라고 합니다.

우리가 머무는 사바세계로써 말하면 이 세계는 애욕이 있기 때문에 욕계(欲界; 5도와 6욕천[7])가 있고, 선정에 대한 집착과 환희가 있어 이러한 경계에 들어가 내려놓을 수 없기 때문에 색계色界, 사선천四禪天[8]이 있습니다. 여기에 오래 머물면 싫증이 나고, 기쁘지 않으며, 색을 좋아하지 않게 되어 무색계천(無色界天; 공무변천 · 식무변천 · 무소유천 · 비상비비상처천)이 있습니다. 삼계는 우리가 이곳 중생이 좋아함을 알 수 있지만, 이 좋아함은 바로 번뇌이고 번뇌로 인해 생기는 것입니다. 그래서 고인께서 말씀하시길, "탐애가 무겁지 않으면 사바세계에 태어나지 않는다(愛不重不生娑婆)." 하셨습니다.[9] 왜 사바세계에 올까요? 탐애의 마음이

---

7) 사왕천, 도리천, 야마천, 도솔천, 화락천, 타화자재천이 육욕천이다.

8) 4선정(禪定)을 닦아서 나는 색계의 네 가지 영역. 또는 거기에 존재하는 제천(諸天; 神들)을 말한다. 색계에는 초선천(3천), 이선천(3천), 삼선천(3천), 사선천(9천)의 18천이 있다.

9) 염불하여 정토에 태어나길 구하는 법문은 원래 생사의 대사를 요달해야 한다.

너무나 무겁기 때문입니다. 이러한 탐애의 마음으로 이체인 본성(理性)을 잃어버리면 삼악도로 갑니다. 탐심으로 아귀에 떨어지고 어리석은 마음으로 축생에 떨어지며 성내고 원망하는 마음으로 지옥에 떨어집니다. 탐 · 진 · 치는 삼독번뇌라고 하는데, 삼악도는 이렇게 변하여 나타납니다.

육조대사께서 "어찌 자성이 능히 만법을 낼 수 있음을 짐작이나 했겠습니까?" 말씀하셨습니다. **십법계 의정장엄 · 삼라만상은 모두 일심이 나타난 바의 사물입니다. 일체법, 일체경계는 자신의 식心 · 심識이 변하여 나타난 것입니다.** 「유심소현唯心所現 · 유식소변唯識所變」으로 이른바 「심현식변心現識變」입니다. 우주는 이렇게 복잡한데 상은 어디서 유래(기원)하였습니까? 마음이 나타난 것입니다. 어떻게 갖가지 상이 생겨났습니까? 식이 변한 것입니다. 마음은 진여본성이고, 식은 팔식八識, 아뢰야식阿賴耶識입니다. 마음과 식은 모두 자기 자신입니다. 그래서 이 일체 만법은 자신이 아니고 누구이겠습니까? 우리는 이 부분에서 진정으로 깨달을 수 있으니, 「중생에 대한 조건 없이 베푸는

그래서 이르길, "염불이 생사를 끝낸다." 하셨다. 요즘 사람들은 발심하여 생사를 끝내고 싶어야 기꺼이 염불한다. 왜 생사의 그루터기인가? 고인께서 말씀하시길, "업이 무겁지 않으면 사바세계에 태어나지 않고, 애욕을 끊지 않으면 정토에 태어나지 못한다." 하셨다. 이로써 애욕의 뿌리가 생사의 그루터기임을 알겠다. 일체중생이 생사의 괴로움을 받는 것이 모두 애욕의 허물이기 때문이다. _《감산노인몽유집憨山老人夢遊集》, 감산대사

큰 자애, 중생과 같은 몸으로 느끼는 큰 연민(無緣大慈 同體大悲)」이어야 생겨날 수 있습니다. 이것이 진정한 자비입니다. 이러한 자비심은 본성에서 저절로 흘러나온 것으로 청정 · 평등한 것입니다. 청정 · 평등은 불보살에 대해서나 축생 · 아귀 · 지옥에 대해서나 내지 일체 식물 광물에 대해서나 예외없이 평등하여 차별이 없으니, 이것이 진정한 자비입니다.

그래서 대자비심은 바로 아미타부처님의 대자비입니다. 이 대자비로 첫째 극락세계를 건립하시고, 둘째 일체중생을 접인하여 저 국토에 왕생하게 하십니다. 왜냐하면 아미타부처님께서는 인지因地 때에 육도중생에 윤회하면서 온갖 괴로움을 겪는 모습을 보시고, 대자비심을 일으켜 이들 중생을 도와 괴로움을 여의고 즐거움을 얻도록 하겠다고 발원하셨습니다. 가깝거나 먼 사람, 높거나 낮은 사람을 나누지 않고 평등하게 일체중생에 대해 안락을 베푸시고 고난을 뽑아버리십니다.

「출세선근생出世善根生」, 이 한마디는 두 가지 뜻을 지닌 쌍관어雙關語입니다. 「출出」은 출세간이고, 「세世」는 세간입니다. **세간과 출세간의 선근은 모두 성공덕性功德에서 생긴 것입니다.** 혜능대사께서 개오하실 때 "어찌 자성이 본래 갖추고 있음을 짐작이나 했겠습니까?" 하셨습니다. 무엇을 갖추었습니까? 부처님께서는 《화엄경》에서 우리에게 이르시길, "일체 중생은 모두 여래와 같은 지혜 · 덕 · 상이 있느니라." 하셨습니다. 그것이 바로 혜능대사께서 말씀하신 본래 갖추고 있음으로 지혜 · 덕능 · 상호를 갖추고 있습니다. 모두 저절로 이루어진 것으로 자성이 본래 갖추고 있는 것입니다.

부처님께서는 경전에서 선근에는 세간의 선근과 출세간의 선근이 있다 말씀하셨습니다. 세간의 선근에는 세 가지가 있는데, 무탐無貪 · 무진無瞋 · 무치無痴로 곧 세간의 모든 일체선법은 모두 이 선근에서 생겨납니다. 만약 **우리가 세간의 칠정오욕에 대해 정말로 탐심이 없다면 어떠한 역경에도 성내고 원망하지 않고, 일체 경계에 대해 또렷하고 분명하여 어리석지 않으면 바로 지혜가 생깁니다.** 이처럼 우리가 마음을 일으키고 생각을 움직이며 말하고 행동하면 선하지 않음이 하나도 없습니다. 왜냐하면 우리에게 세 가지 선근이 있기 때문입니다. 바꾸어 말하면 일체 선하지 않음은 모두 삼독에서 발생합니다. 우리가 일체 악을 끊고 일체 선을 닦고 싶으면 어디에서 시작할까요? 삼독의 번뇌를 끊고 자신의 세 가지 선근을 기르는 것으로부터 시작하면 됩니다. 이것이 세간의 삼선근입니다. 출세간의 선근은 세간의 선근 기초 위에서 건립됩니다. 출세간의 선근은 오직 정진 하나에 있습니다. 만약 진정으로 정진을 실천하면 어떠한 법문이든 결정코 모두 성취가 있습니다. 성취의 크기는 정진 공부와 반드시 정비례합니다.

사실상 자력에 의지해 탐진치 교만, 시비是非 · 인아人我를 끊고 삼계를 벗어나는 것은 확실히 대단히 어렵습니다. 말하기는 쉬워도 실천하기는 진실로 어렵습니다. 왜냐하면 습기가 너무나 깊기 때문입니다. 그래서 **모든 법문 중에서 오직 정토법문 하나만이 번뇌를 끊지 않고 삼계를 벗어날 수 있습니다. 오직 이 일문만이 「홀로 업을 지닌 채 왕생함(帶業往生)」이라 합니다. 업을 지닌 채로 번뇌를 끊을 필요가 없이 서방극락에 왕생할 수 있다는 말입니다. 그래서 정종을 일러 「문 밖에 있는 대도(門餘大道)」라 합니다.** 「문門」은 바로 팔만사천법문, 무량법문이고, 「여餘」는 이외의 것으로 이 일문을 제외하고 그밖에 다시 두 번째 문은 없다는 뜻입니다.

대자비는 정토의 뿌리입니다. 대자비는 바로 세간 · 출세간의 선근입니다. 그래서 "세간 출세간의 선근이 생겨난다." 하셨습니다. 이 대자비는 완전히 청정심 · 평등심에서 저절로 흘러나오는 것입니다. 그래서 「정도正道의 대자비大慈悲」라 하였습니다.

[제4장엄 형상공덕성취]

시방세계를 두루 비추는 광명세계

아미타부처님께서는 인지因地 때에 이 장엄공덕의 인연을 일으키셨습니다. 어떤 불국토에서는 광명이 만족하지 않음을 보시고저 국토에 청정한 광명이 만족하도록 하겠다는 대원[10]을 발하셔서 아미타부처님의 광명은 시방 항하사 찰토를 두루 비추십니다. 안락정토는 그 광대함이 지극하고 무변무제無邊無際하여도 청정광명이 충만하지 않음이 없습니다. 그래서 서방세계는 광명세계라 부르고, 청정국토라 부르며, 대광명장이라 부릅니다. 또한 성취한 정토에는 광명이 찬란히 비추지 않는 구역이 절대로 없습니다. 이 극락정토의 갖가지 형상으로 인해 청정 광명이 견줄 수 없이 장엄합니다. 극락국토에는 대지에도 광명이, 연못에도 광명이, 보배수에도 광명이, 누각에도 광명이 발해서 일체 광명을 발하지 않는 것이 없습니다. 만물의 형상이 바로 광명입니다.

---

10) "제가 부처 될 적에 광명이 무량하여 시방세계를 두루 비추어서 제불의 광명보다 훨씬 수승하고, 해와 달보다 천만 억 배나 더 밝도록 하겠나이다." _제13 광명무량원

《왕생론》에서 찬탄하며 노래하시길,

청정 광명이 만족하여
거울 같고, 해와 달 같고, 수레바퀴 같습니다.
(淨光明滿足 如鏡日月輪)

「정淨」은 청정하여 먼지 한 알에도 물들지 않아 복덕이 원만함을 가리키고, 「광명」은 지혜가 원만함을 가리킵니다. 그래서 극락세계에 가서 무엇을 배웁니까? 청정·광명 이 두 가지, 복덕과 지혜가 원만함을 배웁니다. 원만한 복덕과 지혜가 극락세계에 있습니다. 복덕과 지혜는 모든 형상을 그 가운데 완전히 포괄합니다. 우리가 삼귀의를 염송할 때 「부처님 양족존께 귀의합니다」라고 부르는데, 양족존이 바로 여기서 말하는 복덕과 지혜 두 가지가 원만함을 말합니다. 이 두 가지를 원만히 성취한 것이 극락세계의 형상장엄입니다.

극락세계의 형상 공덕성취는 간단히 말하면 세 가지 일입니다. 첫째는 지혜요, 둘째는 복덕이요, 셋째는 지족知足으로 지혜와 복덕의 성취는 모두 만족할 줄 앎(知足)에 있습니다. 만족할 줄 모르는 사람은 지위가 아무리 높아도 재물이 아무리 많아도 그들의 생활은 고뇌의 세계입니다. 왜냐하면 그는 얻지 못할까 근심하고 잃어버릴까 근심하며, 얻은 것을 잃어버리지 않을까

두려워합니다. 얻지 못했다는 생각에 구하려고 하여 그의 마음은 안정을 찾을 수 없습니다. 만족할 줄 아는 사람은 마음이 안정되고 즐겁습니다. 만족할 줄 아는 사람은 구함이 없고 진정으로 남과 다툼이 없고 세상에 구함이 없음을 실천하니 이런 사람은 훨씬 즐겁습니다!

「여경일월륜如鏡日月輪」, 이 한마디는 비유입니다. 거울 같고, 해와 달 같고, 수레바퀴 같습니다. 수레바퀴는 원만하다는 뜻이고 해와 달은 광명의 뜻입니다. 이는 우리에게 어떻게 청정광명을 실천해야 하는가를 가르칩니다. 거울은 비춰 보일 수 있습니다. 거울의 덕은 비춰 보이고, 물들지 않음에 있습니다. 거울을 보면 비추는 바깥 면이 오염되지 않았습니다. 이것이 뜻하는 것은 우리에게 마음을 쓸 때 거울과 같아야 함을 가르칩니다. 우리의 마음은 거울과 같아서 비추어 볼 때 또렷하지 않은 것이 하나도 없고 속이 깔끔하여 조금도 오염되지 않아야 합니다. 만약 기억이 마음속에 있어 언제나 그것을 회상한다면 물이 들 것입니다. 비추어 볼 때는 기뻐하지만, 지금 막 비출 때도 물들지 않고, 다 비춘 후에도 물들지 않으면 인상이 남지 않을 것입니다.

불법은 좋은 기억도 깔끔히 제거해야 합니다. 왜냐하면 그래야 우리는 진정으로 항상 「청정평등각」에 머물 수 있습니다. 만약 좋지 않은 기억은 말끔히 제거되고 좋은 기억이 여전히 남아있으면 우리의 마음은 여전히 청정하지 않아 윤회하고 있을 것입니다.

선악의 기억이 완전히 없어져 육도를 뛰어넘어 육도에 없고, 십법계에도 없으며 일진법계에 있습니다.

무릇 선악의 기억이 인상에 남아 있지 않아야 한다면 말하기는 쉬워도 실천하기는 매우 어렵습니다. 석가모니부처님께서는 우리에게 가장 좋은 방법을 가르쳐주셨으니, **마음속에 단지 아미타불만 있고, 아미타불 이외의 선악은 전부 깔끔하게 정리해서 내게는 아무것도 필요 없고, 아미타불만 있어야 합니다. 이것은 정말 효과가 있으니, 번뇌와 업장을 끊는 것보다 훨씬 더 쉽습니다. 한마디 아미타불로 번뇌를 끊지 않아도 사라지고, 한마디 아미타불로 업장을 소멸하지 않아도 전부 소멸되니, 이 방법은 훨씬 미묘합니다!** 이것이 우리가 배워야 하는 것입니다.

[제5장엄 종종사種種事공덕성취]

생각하는 대로 나타나는 자재세계

이는 극락세계의 의보환경을 말합니다. 또한 오늘날 말하는 물질환경으로 극락세계의 물질환경은 풍요롭고 지극히 수승합니다. 부처님께서는 인지因地 때에 왜 이런 장엄을 일으키셨을까요? 어떤 국토의 물질환경이 풍족하지 않고 갖가지 공양용구가 저절로 생기지 않으면 마련하느라 갖가지 수고를 겪어야 하는 모습을 보았기 때문입니다. 이러한 인연으로 대비심을 일으켜 국토 속 만물이 자성 속에 진귀한 보배를 구족하고, 게다가 저절로 나타나길 희망하셨습니다.

《왕생론》 원생게에서 말씀하시길,

자성 속에 여러 진귀한 보배가 마련되어
미묘한 장엄을 구족합니다.

備諸珍寶性 具足妙莊嚴。

「진보성珍寶性」에서 「성」은 자성으로, 자성 속의 진귀한 보배를 말합니다. 극락세계에는 자원이 너무나 풍부한데 어디서 유래합니까? 자성에서 유래합니다. 자성 속의 에너지와 자원은 정말 아무리 취해도 다함이 않고, 아무리 써도 없어지지 않습니다. 이는 극락세계의 모든 사물은 모두 자성이 진귀한 보배를 이룬 것으로 이 진귀한 보배가 장엄을 구족하였다는 말입니다. 「장엄」은 아름답다는 뜻입니다. 장엄에다 「묘妙」 자를 덧붙인 것은 바깥의 환경이 완전히 자기 생각대로 변화함을 가리킵니다. 우리의 마음속에서 무엇이든 생각하면 무엇이든 변하여 나타나니 진실로 미묘합니다!

자성 속에는 무량한 지혜, 무량한 덕능, 무량한 상호, 무량한 자원이 있어 가지가지 모두 무량하니, 그것은 거짓된 무량이 아니고 진실한 무량입니다. 자성은 부처님에게도 있고, 한 사람 한 사람 모두에게도 있습니다. 단지 우리는 지금 미혹하여 자신의 자성에 본래 구족한 것을 쓸 수 없습니다. 잃어버렸습니까? 잃어버린 것이 아니라 단지 미혹할 따름입니다. 어떻게 미혹하였습니까? 부처님께서는 우리에게 세 가지 범주의 미혹을 일러주셨습니다. 첫째는 망상입니다. 망상으로 우리의 자성을 미혹하였습니다. 둘째는 분별이고, 셋째는 집착입니다. **망상 분별 집착이 있으면 자성 속에 있는 다함이 없는 자원을 모두 누릴 수 없어 밖으로 나가 구해야 하니, 매우 괴롭습니다!**

극락세계에서는 "필요한 것들이 갖가지로 일체가 풍족합니다." 「풍」은 풍부함이고 「족」은 만족입니다. 옷을 생각하면 옷을 얻을 수 있고, 음식을 생각하면 음식을 얻으며 궁전, 의복과 장신구, 향과 꽃, 당번과 산개 일체 필요한 것들이 생각에 응하여 현전하니 갖추어지지 않음이 없습니다.11) 생각이 움직이면 그것은 현전합니다. **극락세계의 의식주 행이 마음먹은 대로 이루어지지(心想事成) 않는 것이 없어 무엇을 생각하든 그 물건에 앞에 변하여 나타나는 것은 자성이 인연을 따라 변하여 나타남(隨緣變現)입니다. 일체가 모두 생각하는 대로 나타나면 어떻게 여전히 탐하는 마음이 있겠습니까! 그래서 서방극락세계에 가면 이러한 탐진치는 저절로 사라지고, 저절로 끊어버립니다.**

우리가 사는 이 세상에서는 모든 일체 필요한 물질이 어디에서 유래합니까? 일체 유정중생의 복보에서 변하여 나타난 것입니다. 복보는 우리가 과거 생에 닦은 것입니다. 복을 닦고 복을 지어야 복을 누릴 수 있습니다. 만약 다시 복을 닦을 줄 모르면 이 복보를 다 누리게 되면 사라집니다. 그래서 닦은 복보를 다 누리게 되면 수많은 큰 돈을 번 사람도 만년에 빈궁한 삶으로 초라하게 됩니다. 이는 그의 복보를 한평생 동안 모두 유지할 수 없음을 설명합니다. 그래서 반드시 선을 닦고 복을 쌓아야

11) "궁전, 의복과 장신구, 향과 꽃, 당번과 산개 등 장엄하는 도구에 이르기까지 필요한 것들이 갖기지로 일체가 풍속하니, 구하는 것은 무엇이든지 뜻하는 대로 모두 다 나타나느니라(受用種種 一切豐足 宮殿 服飾 香花 幡蓋 莊嚴之具 隨意所須 悉皆如念)." _《불설대승무량수장엄청정평등각경》, 제19품 필요한 것들이 갖추어져 있다.

복보를 오랫동안 유지할 수 있습니다.

극락세계의 일체 필요한 물질은 왜 아무리 써도 없어지지 않습니까? 왜냐하면 청정심에서 변하여 나타난 것이기 때문입니다. 선종의 육조 혜능대사께서 "어찌 자성이 본래 갖추고 있음을 짐작이나 했겠습니까? 어찌 자성이 능히 만법을 낼 수 있음을 짐작이나 했겠습니까?" 말씀하신 것처럼 극락세계의 일체 필요한 것들은 자성에서 흘러나온 것입니다. 그래서 충분히 자재하게 수용할 수 있습니다. 게다가 흘러나오는 것은 미묘하고 진귀한 보배입니다. 여기서 말한 진귀한 보배는 단지 세상의 진귀한 보배로써 비유를 삼지만, 실제상으로는 상상할 수 없고 불가사의한 장엄묘상莊嚴妙相입니다.

그래서 서방극락세계에서는 확실히 심자재心自在를 얻습니다. 그래서 의보의 환경이 자재함은 바로 부처님께서 늘 말씀하신 "의보는 정보를 따라 바뀐다."는 말과 꼭 맞습니다. 그래서 마음이 청정하면 불토가 청정하고, 마음이 자재하면 일체 생활에 필요한 것이 자재합니다. 이것이 「미묘한 장엄을 구족함」입니다.

[제6장엄 묘색妙色공덕성취]

높고 낮은 마음이 없는 평등한 세계

이는 극락세계의 의보와 정보의 묘색장엄을 말합니다. 의보의 장엄은 바로 물질환경의 장엄입니다. 물질환경은 풍족할 뿐만 아니라 아름답습니다. 정보의 장엄은 심신의 건강을 말합니다. 심지心地의 청정광명으로 온몸이 광명을 발함이 묘색妙色의 근본이고 일체 아름다움의 근본입니다. 그래서 이 「묘색妙色」은 불광佛光을 말합니다. 왜냐하면 의보는 정보에 따라 바뀌므로 정보가 좋으면 의보도 당연히 좋습니다.

《왕생론》에서 극락세계의 묘색장엄을 묘사하기를,

"무구광명의 불꽃이 활활 타올라
광명청정으로 세간을 밝게 비춥니다."

無垢光焰熾 明淨曜世間。

「무구광염치無垢光焰熾」

「구垢」는 번뇌와 습기를 대표합니다. 바꾸어 말하면 극락세계의 광명은 진심 · 본성에서 저절로 생겨난 것입니다. 자성에는 망상 분별 집착이 없어 순정純淨 · 순선純善합니다. 그래서 이러한 광명의 분위기 가운데 중생의 번뇌 · 습기는 말끔히 사라지면서 진심 · 본성이 드러납니다. 이것이 바로 「묘색장엄」입니다. 요컨대 자성을 여의지 않습니다.

아미타부처님께서는 왜 묘색공덕장엄을 일으키셨을까요? 보살이었던 때 여러 불국토를 참관하니, 우열이 있어 같지 않았습니다. 일체국토가 모두 서로 달랐습니다. 바꾸어 말해 불평등하였습니다. 불평등하면 사람들은 번뇌가 일어나고, 견해가 옳고 그르다, 지위가 높고 낮다는 분별이 생기면서 업을 짓고 과보를 받습니다. 그래서 삼악도에서 이리저리 전전하면서 갈수록 더욱 더 괴롭습니다. 아미타부처님께서는 자신의 국토에서는 이러한 과실을 피하기 위해 묘색을 성취하여 광명의 불꽃이 활활 타오릅니다. 광명청정이 제일로 견줄 데가 없으니, 세계 전체가 모두 이러합니다. 그래서 극락세계에 가면 높고 낮다는 마음(高下心)이 없어 마음이 평등합니다. 서방극락세계는 가장 특별하고 가장 수승한 평등세계입니다. 설령 하하품下下品으로 왕생할지라도 아미타부처님과 평등하여 신체도 같고, 색상도 같으며, 용모도 같아서 서방극락세계의 사람은 상호가 모두 같습니다.[12] 물질을

12) "우리가 보통 불교를 믿는다 해도 부처는 저 높은 데 가 있고 부처는 아득하니 그야말로 참다운 진리고, 우리는 일반 중생이니까 이만치 밑에 가 있다, 이렇게 이른바 고하심高下心을 낸단 말입니다. 그러나 불교의 근본 뜻으로 본다고

누리는 것도 평등하고 생활조건도 평등하여 동등하지 않은 것이 하나도 없습니다.

한 층 더 깊게 말하면 극락세계는 무생인無生忍의 보살[13]이 정업淨業으로 일으킨 세계이고 아미타여래가 지도하고 교화하는 세계라고 말할 수 있습니다. 이는 또한 부처님께서 우리를 위해 증상연增上緣이 되어 장엄묘색공덕을 성취합니다. **어떠한 보살이 무생인을 증득합니까? 무생인無生忍은 3품으로 나뉩니다. 하품은 칠지보살이고, 중품은 팔지보살이며, 상품은 구지보살입니다. 극락세계보살은 칠지 이상의 보살로 부처님께서 경전에서 우리에게 이르신 불퇴전지의 아비발치阿鞞跋致보살입니다.**[14] 아비발치는 무생인의 보살로 서방극락세계에 태어나면 바로 무생인의 보살입니다.

생각할 때는 심불중생心佛衆生 시삼무차별是三無差別이라, 그 마음이나 부처나 중생 이 세 가지가 절대로 차이가 없단 말입니다. 상대적으로 차이가 없는 것이 아니라 절대로 차이가 없다는 것입니다." _「귀의일체삼신불歸依一體三身自性佛」 청화 큰스님

13) "무생인無生忍의 보살은 원행지遠行地 · 부동지不動地 · 선혜지善慧地에 이른 보살이니, 혹업고惑業苦의 삼장三障과 색심色心의 습기를 끊고, 불가설不可說의 몸을 나타내 보여서 부류에 따라 일체중생을 이롭게 한다." _《호국인왕반야경護國仁王般若經》

14) "일심으로 저를 염하여 밤낮으로 끊어지지 않는다면 목숨이 다하는 때 저는 여러 보살성중과 함께 그 사람 앞에 나타나 맞이하여 짧은 시간에 곧 저의 국토에 태어나 불퇴전지 보살이 되도록 하겠나이다." _《불설대승무량수장엄청정평등각경》, 제6품 48대원을 발하다

「명정요세간明淨曜世間」

「요曜」는 명요明耀로 광명이 밝게 비춘다, 현저하다는 뜻입니다. 바로 청정평등으로 일체 수용이 대단히 현저하여, 사람마다 모두 또렷하고 모두 수용할 수 있다는 말입니다. 이는 바로 정보正報와 의보依報, 두 가지 세간을 밝게 비춤을 말합니다. 정보는 유정세간有情世間이고, 의보는 기세간器世間입니다.「요세간曜世間」은 바로 정토의 기세간 · 유정세간 두 가지 세간을 밝게 비춤입니다.

우리가 사는 세상에서는 해와 달, 등불이 단지 색상의 표면을 비출 수 있지만 투과할 수는 없습니다. **서방극락세계의 광명은 일체 사물에 모두 투명하게 비추고, 겉과 속을 투명하게 비추며, 안팎을 비추어 환하게 꿰뚫어 투명합니다. 가장 불가사의한 부분은 광명이 중생의 마음을 비출 때 중생을 도와 번뇌를 끊어 지혜를 열고, 무명을 깨뜨려 불도를 이룸에 있어 아미타부처님께서 광명으로 중생을 가지加持하신다는 점입니다. 극락세계의 불광 속에 잠겨 있으면 이렇게 수승하고 불가사의한 성취가 있습니다.**

한마디 부처님 명호를 염할 때 한마디 부처님 명호가 어떤 효과가 있을까요? 마음을 평온하게 하고 마음을 청정하게 할 때 부처님 명호가 효과가 있습니다. 그렇지 않으면 하루에 설사 십만 번 부처님 명호를 소리 내어 염할지라도 마음은 청정하지 않고 평등하지 않습니다. 그것이 바로 고인께서 나무라신 대로 "목청이 터지게 고함을 질러도 소용없다." 나무라신 이유입니다. 그러면 부처님 명호는 효과가 없습니다! 실제로 부처님명호를 염함은 염불 횟수가 많고 적음에 있지 않습니다. 우익대사께서 잘 말씀하셨듯이 왕생할 수 있는지 여부는 결정코 믿음과 발원의 유무에 달려 있습니다. 우리에게 진실한 믿음과 진실한 발원이 있어야 결정코 왕생할 수 있습니다. 왕생하는 품위의 높고 낮음은 공부의 깊고 얕음이 중요합니다. 공부가 깊은 경우 부처님 명호로 청정심을 얻을 수 있고, 번뇌를 끊을 수 있습니다. 공부가 얕은 경우 이 한마디 부처님 명호로 번뇌를 조복할 수 있고 심정으로 하여금 평정을 회복할 수 있습니다. 그래서 이 한마디 부처님 명호는 우리가 청정심을 닦고, 평등심을 닦도록 합니다. 마음이 청정하면 국토가 청정하다 하셨습니다. 마음이 청정하기만 하면 시방일체 제불찰토에서 어느 찰토와 상응할까요? 서방정토와 상응할 것입니다.

[제7장엄 총공덕성취]

접촉할 때 즐거움이 생기는 법희세계

이른 바 육진六塵 즉 색色·성聲·향香·미味·촉觸·법法, 이 여섯 가지 법은 일체중생의 육근(六根; 안이비설신의)이 수용하는 경계입니다. 부처님께서는 여기서 특별히 여섯 가지 중에서 「촉」수(觸受; 접촉과 느낌)를 말씀하셨는데, 이 한 가지로 나머지 다섯 가지를 대표하였습니다.

아미타부처님께서는 인지因地 때에 어떤 국토에는 비록 수많은 진귀한 보배가 있을지라도 예컨대 《무량수경》에서 말한 칠보, 즉 금·은·유리·수정·호박·미옥·마노가 비록 있을지라도 일상생활에서 쓸 수 없음을 보셨습니다. 이는 바로 쓰기에 충분히 갖추어져 있지 않다는 것입니다. 법장보살은 이러한 상황을 보고서 이러한 진귀한 보배가 일상생활에서 모두 쓸 수 있게 하겠다는 서원을 발합니다. 칠보의 「칠」은 사실은 숫자가 아니라 원만을 대표합니다. 어떻게 해야 원만할까요? 자신의 의사에 따르면 원만합니다.

극락세계에서 접촉하는 것은 모두 미묘하니, 《왕생론》에서

열거하며 말씀하시길,

자성보배의 공덕 풀이
부드럽고 좌우로 빙빙 돌며
접촉할 때 수승한 즐거움이 생기니,
가전린타보다 뛰어납니다.

寶性功德草 柔軟左右旋 觸者生勝樂 過迦旃鄰陀。

「가전린타」는 범어로, 고대 인도의 한 가지 풀의 이름입니다. 이 풀은 대단히 부드럽고 미세하여 바람에 따라 좌우로 빙빙 돌아 그것을 접촉하면 대단히 기분이 좋아 환희심이 생길 수 있습니다. 이 풀로 극락의 보물에 비유합니다. 서방극락세계의 칠보가 이처럼 부드러워 접촉할 때 마음속에 탐욕으로 물들지 않습니다. 이것으로 촉수의 즐거움, 즉 접촉할 때 즐거운 느낌이 생김을 형용합니다. 이는 하나의 예를 든 것입니다. 실제로는 서방극락세계에서 접촉하는 것은 바로 육근이 접촉하는 경계로 너무나 많습니다. 이러한 접촉의 즐거움은 불가사의합니다.

극락세계의 거주환경은 전부 진귀한 보배입니다. 나무, 화초, 대지는 모두 칠보로 이루어진 온갖 보배로 장엄되어 있습니다. 게다가 이러한 진귀한 보배는 매우 부드러워 "눈이 즐겁고 몸에 편안합니다." 우리가 사는 세계의 보배는 단단하여 장식품만 만들 수 있는 것과 다릅니다. 예를 들면 이 세계의 황금은 딱딱하여 머리 장식으로는 만들 수 있지만 옷을 만들어 입을 수는 없습니다. 그러나 극락세계의 황금은 부드러워 옷으로 만들 수도 있습니다. 이곳의 황금은 색상이나 광채가 모두 극락세계와 견줄 수 없습니다.

이 세상 사람들은 접촉할 때 즐거우면, 예컨대 눈이 즐거우면 색을 탐하고 귀가 즐거우면 소리를 탐하듯이 접촉할 때 탐심이 일어납니다. **서방극락에서는 이 자성보배의 공덕 풀을 접촉한 후 보리심이 늘어나고 법희가 생겨서 우리를 개오시키고 번뇌를 끊게 할 수 있으니, 진실로 불가사의합니다!** 그러나 이 세계에서는 즐거움을 누리는 가운데 번뇌를 끊을 수 없고 개오할 수 없으며 명심견성할 수 없습니다. 촉수만 이와 같을 뿐만 아니라 **극락세계의 육진은 모두 설법하여 우리가 눈으로 보든지 귀로 듣든지 코로 맡든지 육근이 접촉하는 것은 모두 가장 수승한 즐거움을 얻을 수 있습니다. 즐거움을 누리는 가운데 번뇌는 저절로 끊어지고 무명은 점차 사라지며 지혜가 열리고 본성을 보게 되니, 이는 실로 불가사의합니다!**

[제8장엄 삼종三種공덕성취]

절묘한 자연의 독특한 세계

(1) 심신을 개오케 하고 몸을 즐겁게 하는 공덕수

부처님께서는 인지因地 때에 어떤 국토에는 하천이 있고, 강이 있으며, 파도가 세차게 이는 바다가 있고, 또한 큰 얼음 덩어리가 급류를 타고 내려와 해협의 양안에 부딪쳐 사람들을 놀라게 하고 두렵게 하며, 이렇게 탁하고 세찬 물살은 그것을 마주할 때 편안하고 즐거운 기분이 들지 않고, 등질 때 큰 물결이 닥쳐올지도 모른다는 걱정이 생김을 보셨습니다. 그래서 수공덕장엄의 서원을 일으켰습니다.

서방세계의 칠보 연못은 매우 많고 극락세계에 두루 분포하고 있습니다. 이는 바로 시방의 염불중생이 극락세계에 몸을 의탁하여 태어나는 장소입니다. 칠보 연못의 물은 마음이 하고자 하는 바에 따라 칠보 연못 안에 이르러 깊고자 하면 깊고 얕고자 하면 얕으며, 따뜻하고자 하면 따뜻하고 시원하고자 하면 시원하며, 빠르게 흐르고자 하면 빠르게 흐르고 느리게 흐르고자 하면 느리게 흐릅니다. 가장 미묘한 것은 어떤 법문 듣기를 좋아하면 물에서 듣고 싶은 법음이 나타납니다.

서방세계의 수질은 이곳과 다르게 물은 「개신열체開神悅體」 할 수 있습니다. 개신開神은 일반적으로 말해 개오開悟로 이 물에서 수영하거나 목욕하면 깨닫게 됩니다. 열체悅體는 신체 감각이 대단히 편안하고 쾌적합니다.15) 서방세계의 물은 마음속 번뇌와 습기를 씻어버릴 수 있습니다. 연못의 바닥은 금모래가 땅을 덮고 있어 방광을 합니다. 그것은 또한 광명이 위쪽으로 비추어서 아무리 깊어도 비추지 않은 곳이 없습니다. 연못의 물은 죽은 물이 아니라 어디에서든 흐릅니다. 물의 흐르는 속도는 관찰하는 대상과 꼭 들어맞아서 너무 빠르지도 너무 느리지도 않습니다.

《왕생론》 원생게에서 말씀하시길,

칠보 연못엔 연꽃이 천만 가지 생겨나

---

15) 극락세계의 물은 색신의 모든 근과 사대를 장양長養시킬 수 있을 뿐만 아니라 더욱 미묘한 것은 마음속에 갖가지 수승한 선근을 증익增益시킬 수 있다는 것이다. 사바세계의 물은 마신 후 단지 갈증만 해소시키고, 기껏해야 몸의 사대를 증익할 수 있지만, 마음속의 선근을 장양시킬 수 없다. 그렇지만 아미타부처님의 지혜와 자비서원으로부터 화현한 팔공덕수가 당신의 몸속으로 한번 융입融入되면 즉시 마음을 가지加持하는 효과가 생기게 된다. 곧 당신의 마음속에 있는 온갖 선법공덕, 예컨대 신심·정진·정념·선정·지혜 등의 선근을 모두다 지극히 크게 늘어나게 할 것이다. 한번 마시기만 하면 수행의 경계는 상당히 크게 제고될 것이다. 《왕생론주往生論注》에서도 "심신을 개오케 하고 몸을 즐겁게 하나니, 하나라도 불가함이 없다(開神悅體 無一不可)"고 하였다. 이 말은 극락국토에서의 물은 심신心神을 개오開悟시킬 수 있고, 몸을 즐겁고 기쁘게 할 수 있으며, 또한 여의보如意寶처럼 일체의 소원을 만족시킬 수 있다는 뜻이다. _《아미타경 심요》

연못과 개울을 가득 덮고,
미풍이 불어와 꽃잎들이 흔들리고
광명이 서로 뒤섞여 어지러이 구릅니다.

寶華千萬種 彌覆池流泉 微風動華葉 交錯光亂轉。

「보화寶華」는 보배 연못에 있는 연화를 가리킵니다. 시방세계 중생이 서방극락세계에 왕생하면 모두 연꽃에 화생합니다. 그래서 서방세계는 연화세계라 합니다. 연화는 모두 칠보 연못에서 성장합니다.

현전에서 우리가 진실로 극락세계를 믿고 아미타부처님을 믿고서 왕생을 발원하면 이 생각이 한번 생기기만 하면 칠보 연못에 한 송이 연꽃 봉우리가 생겨납니다. 염불을 부지런히 할수록 꽃은 더 크게 생기고 색깔이 더 좋아집니다. 그래서 칠보 연못 가운데 연꽃 종류가 매우 많아서 크기와 빛깔이 모두 다르다고 말합니다. 장래 왕생할 때 부처님께서는 이 한 송이 연꽃을 가지고 우리를 접인하시는데, 이 연꽃 위에는 우리의 이름이 새겨져 있습니다. 만약 염불하는 사람이 그 마음이 물러나 정토에 왕생하고 싶지 않거나 혹은 마음이 바뀌어 다른 법문을 배우면 연꽃이 천천히 시들어버리고 끝내 사라집니다. 그래서 극락세계에서 생하고 멸하는 모습을 보이는 것은 바로 보배 연못 안의 연꽃입니다. 이것을 제외하고 일체 사물은 모두 생하지도 멸하지도 않습니다.

극락세계에 가서도 연꽃이 아직 피지 않으면 우리는 연꽃 안에서 어떤 부처님께서 우리에게 경전을 강설하고 설법하는데 그것은 화신불입니다. 연꽃이 피면 보신불을 친견하고 우리의 신상은 아미타부처님과 모습이 같습니다. 그래서 결코 어린아이로부터 천천히 자라는 것이 아니고, 그렇지 않습니다.

「미彌」는 가득하다는 뜻입니다. 칠보 연못 전체 못이 모두 이들 연꽃입니다. 「미풍이 불어와 꽃잎들이 흔들리고 광명이 서로 뒤섞여 어지러이 구릅니다.(微風動華葉 交錯光亂轉)」 이는 칠보 연못 수면 위 및 주변의 장엄을 찬탄합니다. 못에는 연꽃이 있고, 보배 연못의 주변에는 가로수와 화초가 있습니다. 모든 나무 화초는 무량한 진귀한 보배로 이루어진 것이고, 저절로 이루어진 것입니다. 서방세계의 장엄물은 모두 진귀한 보배이고, 보배나무 · 보배 풀 · 자성보배 공덕초입니다. 보배이기 때문에 모두 방광을 합니다. 미풍이 한 바탕 불어와 그 광명이 서로 뒤섞여 대단한 아름다움을 드러내 보입니다.

이는 수공덕성취를 말합니다. 수공덕성취에는 물의 여덟 공덕에 대한 찬탄은 없고, 수면 위 및 주변에 있는 이러한 장식을 찬탄합니다. 물은 본체이고 주변의 이러한 화초장식은 부대적인 것입니다. 부대적인 것이 모두 이렇게 아름다우면 물의 잇점을 다시 말할 필요가 없기 때문입니다.

극락세계에 왕생하게 되면 모두 연꽃에서 화생(蓮花化生)합니다. 이는 아미타부처님의 본원입니다.[16] 우리의 마음이 진성심이고, 우리의 발원이 간절하며, 우리의 염불공부가 매우 착실하게 노력할 수록 칠보 연못의 꽃은 점점 더 커지고 광명의 빛깔은 더욱더 아름다워집니다. 이는 우리가 갖고 갑니다. 이 세계에서 무엇을 생각하든 무엇을 염하든 무엇을 짓든지 상관 없이 모두 갖고 가지 않고 하나도 갖고 갈 수 없습니다. 갖고 가지 못하는 것은 인연에 수순하면 좋고, 갖고 가는 것은 진심으로 실천해야 합니다!

(2) 시방에 걸림 없는 평탄지

부처님께서 인지因地 때에 어떤 국토에는 높은 산과 험준한 고개, 낭떠러지와 깊은 골짜기가 있고, 높낮이가 고르지 않으며, 망망한 바다가 있어 저 언덕을 볼 수 없고, 커다란 면적의 땅이 있지만 가는 사람이 없어 매우 황량함을 보셨습니다. 그래서 대비의 원을 일으켜 평탄한 대지를 성취하였고, 궁전 누각의

16) "시방세계 모든 중생 부류로서 저의 국토에 태어나는 이는 모두 칠보 연못의 연꽃에서 화생하도록 하겠나이다." _《불설대승무량수장엄청정평등각경》, 제6품 48대원을 발하다

어느 곳에서나 모두 시방의 수많은 불국토를 볼 수 있었을 뿐만 아니라 궁궐 누각의 바깥에는 보배 나무와 보배 난순이 둘러싼 채 어울려서 빛나고 장엄하게 꾸미고 있습니다.

《왕생론》 원생게에서 말씀하시길,

(대지에는) 궁전과 모든 누각,
시방찰토를 나타내어 걸림 없이 볼 수 있고
여러 보배로 된 다른 광명 빛깔의 보배 나무,
보배 난간이 두루 둘러싸고 있습니다.

宮殿諸樓閣 觀十方無礙 雜樹異光色 寶欄遍圍繞。

「궁전제누각宮殿諸樓閣」

극락세계의 대지는 땅이 손바닥처럼 평평한데, 이는 평등심이 나타난 것입니다. 부처님의 강당과 정사는 칠보로 이루어져 있습니다. 칠보는 마음이 하고자 하는 바에 따라 딱딱하여 건축자재로 삼을 수 있고, 부드러워 옷을 삼아 입을 수 있으며, 갖가지 모두 저절로 이루어진 것입니다. 그리고 왕생하여 가는 대중이 거주하는 궁전과 환경은 아미타부처님과 같은 모습으로 진실로 불가사의합니다.

극락세계의 대지에는 궁전과 누각이 있습니다. 이러한 궁전과 누각은 극락세계에 왕생하는 보살이 거주하며 수행하는 주소입니다. 궁전은 가지런히 웅장하고 아름답습니다. 그 크기는 같지 않고 형식도 같지 않으며, 아름다운 것이 많아 이루 다 헤아릴 수 없습니다. 왜 같지 않습니까? 중생의 마음대로 변화된 것이기 때문입니다. 그래서 궁전은 공중에 있길 좋아하면 공중에 있고 지면에 있길 좋아하면 지면에 있습니다. 게다가 궁전은 그 몸을 따라갈 수 있어 타방세계로 가고자 하면 궁전은 마치 비행 도구처럼 타방불의 세계로 날아갑니다.

「관시방무애觀十方無礙」

서방세계의 궁전과 누각은 시방제불찰토를 나타내 보일 수 있습니다. 궁전 주위는 모두 보배 나무로 그 안에도 시방찰토를 볼 수 있습니다. 바꾸어 말하면 극락세계에서는 시방의 무량무변한 제불찰토를 보고 싶으면 도처에서 모두 볼 수 있으니, 빛 가운데 모두 이러한 경계가 나타날 수 있습니다. 현재 모습을 볼 수 있을 뿐만 아니라 과거 · 미래도 볼 수 있습니다. 극락세계 사람은 여섯 가지 신통을 구족하여 천안天眼으로 두루 관하고 천이天耳로 철저히 들어서 시방세계를 볼 수 있고, 시방세계 중생이 말하는 음성을 들을 수 있어 조금도 장애가 없습니다. 다른 사람의 마음을 아는 지혜의 신통이 있어 중생의 마음속에 생각이 움직이면 알 수 있습니다.[17] 극락세계는 장애가 없는

17) 지타심지통知他心智通: 중생들의 마음을 다 아는 지혜 신통으로 일체중생 육도중생, 천룡팔부 등 그들을 분별하여 알고 불가설 미진수 세계의 중생

세계로 이사理事에 걸림이 없고 사사事事에 걸림이 없습니다.

「**잡수이광색**雜樹異光色」

잡색의 보배 나무가 극락국토에 두루 가득하고, 나무의 품종은 대단히 많으며 광명의 빛깔은 모두 달라서 얼마나 특출나며 아름다운지 모릅니다. 극락세계의 보배 나무는 혹 순일한 보배이거나 혹 2보 3보 내지 7보로 이리저리 합하여 이루어집니다. 이 나무를 보고나 그 빛과 그림자와 접촉하면 모두 대승의 법락을 얻을 수 있고, 지혜가 늘어나고 신통 자재할 수 있으며, 뜻하는 바대로 생각에 응해 현전합니다. 이러한 보배 나무 위는 보배 그물이 덮고 있고 나무 위쪽의 장식은 보배 그물 · 나망羅網입니다. 나무 아래쪽은 보배 난간이 있는데, 모두 대지의 장엄을 대표합니다.

나무 위에는 나망이 있는데, 나망에서 보고 싶은 시방세계를 볼 수 있고, 어디를 보고 싶으면 어떤 경계이든 현전하고 시방세계 육도중생을 또렷이 볼 수 있습니다. 서방세계는 궁전과 누각, 꽃나무와 나망 무엇이든 다 시방세계의 그림자가 드러날 수 있습니다. 어느 세계를 보고 싶든지 그것은 이 현상을 나타내고 생각에 응해 현전합니다.

「**보란변위요**寶欄遍圍繞」

심념心念을 아는 것이다. _《대방광불화엄경변상도》

보배 난간은 궁전과 누각의 바깥 장식으로 난간이 있고, 도로가 있습니다. 난간과 도로는 주변을 둘러싸고 있고, 이리저리 사방으로 통해 있습니다. 신족통이 있기 때문에 어디를 가고 싶어서 생각이 움직이면 몸은 이미 도달해있는데, 빛의 속도 보다 빠릅니다. 진허공 · 변법계 시방제불찰토에 갈 수 있을 뿐만 아니라 일시에 부처님 한 분 한 분의 찰토마다 갈 수 있습니다. 일시에 함께 가니, 어떤 방식이냐 하면 분신으로 갑니다. 극락세계 사람은 모두 이러한 본사가 있어 천백억 화신으로 불국토가 얼마나 있든지 몸을 얼마든지 화하고 변하여 그곳으로 가서 부처님께 공양하고 경전강설을 듣고 법문을 듣습니다.

담란법사께서는 《왕생론주》에서 말씀하시길, "(이 장엄의 일은) 청명한 거울처럼 시방국토의 청정하고 더러운 여러 상과 선악업연 일체가 빠짐없이 나타난다(如淨明鏡 十方國土 淨穢諸相 善惡業緣 一切悉現)." 하셨습니다. 서방극락세계는 정보이든 의보이든 모두 광명을 놓고, 모두 시방 일체제불찰토의 의정장엄의 일을 드러내 보일 수 있습니다. 빛 가운데 드러나 보이는 경계를 볼 수 있을 뿐만 아니라 자신이 직접 몸으로 경험할 수 있습니다. 바꾸어 말하면 우리는 극락세계에 가기만 하면 시방일체 제불찰토와 다름이 없고, 일체 제불찰토 안의 소식을 전부 수신할 수 있습니다.

극락세계에서는 부처님을 친견할 수 있고 부처님께 공양할 수 있으며 부처님의 설법을 들을 수 있습니다. 어느 세계의 고난 중생이든 부처님을 도와 교화할 수 있습니다. 우리는 이러한 진상을 알고서 어찌 극락세계에 갈 수 없겠습니까? 바꾸어 말하면 극락세계에 가지 않으면 영원히 더욱 멍청할 것입니다.

(3) 법음이 널리 퍼지는 미묘한 허공

부처님께서는 인지因地 때에 어떤 국토에는 허공이 오염되어 혼탁하고 허공 중의 소리는 흐리고 악하며, 허공 중에 상서롭지 못한 재앙의 기운이 출현하여 우려와 공포심을 자아냄을 보셨습니다. 이로 말미암아 대비의 원을 일으켜 허공 곳곳에서 보배 그물이 가득 덮는 장엄을 나타내 보이시고, 국토의 허공 중에서 미묘한 법음이 널리 퍼져서 듣기 좋을 뿐만 아니라 지혜를 내게 하셨으며, 허공의 장엄으로써 아무리 보아도 싫증나지 않을 뿐만 아니라 볼 때 마음이 안정 되도록 하셨습니다.

《왕생론》 원생게에서 말씀하시길,

무량한 보배 방울이 교차하며 매달린
보배 그물이 허공에 두루 하여
갖가지 방울에서 나는 소리,
미묘 법문을 연설합니다.

無量寶交絡 羅網遍虛空 種種鈴發響 宣吐妙法音。

이는 극락세계에는 허공 중에 빛이 있고, 색채가 있으며, 무량한 미묘 보배장식이 그 가운데 있을 뿐만 아니라 도처에서 모두 불법을 들을 수 있다는 말입니다. 이는 우리가 사는 오탁의 세상에서는 법을 듣기가 매우 어렵다는 사실과 다릅니다.

공중 장엄은 「나망羅網」을 말합니다. 고대 궁전은 기둥과 대들보를 채화로 장식한 상당한 고급 예술품입니다. 그래서 잘 세운 후 사람들이 훼손하거나 새들이 그곳에 둥지를 칠지 몰라 때때로 나망으로 그것을 보호하였습니다. 나망은 고대에 대부분 철사를 엮어서 만들었고, 투명하여 바깥에서는 볼 수 있지만, 그것에 접촉할 수는 없었습니다. 서방극락세계의 나망장엄은 구리선이 아니라 무량한 미묘한 보배로 형성된 것으로서 투명한 실과 같은 그물로 궁전 위를 덮고 보배나무를 덮고 있습니다. 나망은 광명을 발하는데, 그 광명 가운데 화신불이 있고 부처님께서 설법하시니 이러한 장엄은 견줄 것이 없습니다!

그물에는 방울이 달려 있는데, 미풍이 불면 그물에서 음성 · 소리가 납니다. 음성은 교향악처럼 아름다워서 그 음악으로 묘법을 선양합니다. 어떤 법문을 듣고 싶으면 그 법문을 들려주니, 이는 지극히 미묘합니다. 이때 들리는 법음은 경전에서 말씀하시는 하나의 총강령입니다. 즉 염불念佛 · 염법念法 · 염승念僧으로 모두 자성삼보自性三寶를 염합니다. 삼보는 불법승입니다. 불佛은 「각覺」이란 뜻입니다. 따라서 염각念覺, 즉 염념마다 깨달아 미혹하지 않음이 염불念佛이고, 염념마다 올발라 그릇되지 않음이 염법念法이며, 염념마다 청정해 물들지 않음이 염승念僧입니다. 범음은 모두 삼보를 염함입니다.

서방극락세계에서 아미타부처님께서는 사람마다 지닌 근성을 모두 명료하게 통달하여 다른 근성을 지닌 사람들이 그곳에서 함께 생활하며 모두 예기치 못한, 상쾌한 즐거움을 느끼게 하고, 일체 중생이 원하고 좋아하는 것을 만족시킬 수 있습니다. 이래야 진정으로 수승한 장엄이라 합니다.

[제9장엄 향엄우香嚴雨공덕성취]

공양을 두루 닦는 향광세계

여기서 「비 우(雨)」자는 동사인 우遇 자로 새겨야 합니다. 그것은 바로 위에서 아래로 떨어진다는 뜻입니다. 「비」는 필요한 순간, 즉시卽時를 귀중하게 여긴다는 의미로 필요 없을 때는 사라지고, 필요할 때는 생김을 말합니다. 즉 결코 공중에 물건이 가득 차 있는 것이 아니라, 공중에 아무것도 없지만, 원하는 것이 있으면 무엇이든 변하여 나타납니다. 일체 법은 변화로 만들어지는 것입니다.

부처님께서는 인지因地 때에 수많은 세계의 중생들이 옷으로 땅을 덮고 천을 땅 위에 깔아서 사람들이 먼지를 밟지 못하게 하고 싶어 함을 보았습니다. 왜냐하면 부처님께 공양하고 승가에 공양하길 원해서입니다. 이는 대단한 공경입니다. 그러나 중생의 복은 박하고 빈곤하여 공경심이 있더라도 실천할 힘이 없습니다. 그래서 법장보살은 국토 중에 이러한 물자가 결핍되지 않고 원하는 것은 무엇이든 니다닐 수 있도록 대비의 원을 발하였습니다. 원하는 것은 어디에서 생깁니까? 공중에서 떨어집니다. 단지 무엇이든 원하기만 하면 공중에서 떨어집니다. 그리하여 그 국토에서는 갖가지 공양도구(資具)를 널리 비 내려 중생이 공양을 널리 베풀겠다는 선한 원을 만족시킬 수 있도록 하셨습니다.

《왕생론》 원생게에서 말씀하시길,

보배 꽃과 보배 옷, 비 오듯 내려 장엄하고
무량한 향이 두루 훈습합니다.

雨華衣莊嚴 無量香普熏。

하늘에서 보배 꽃과 보배 옷이 떨어집니다. 여기서 「옷」은 바로 깃발(旗幟)·번당幡幢·보개寶蓋 중 한 종류를 가리킵니다. 이 「옷」은 석가모니부처님께서 3천 년 전 인도에서 말씀하신 것으로 인도에서 그 당시 옷은 한 폭의 천이었는데, 현재 말로 깃발입니다. 이러한 보배 옷과 보배 꽃이 땅 위에 떨어져 저절로 매우 아름다움 도안을 이루니, 마치 꽃무늬 담요를 깐 것과 같습니다. 게다가 그것은 부드러워서 사람이 그 위를 걸어가면 다리가 네 치 정도 쑥 들어갔다가 다리를 들면 그것은 원상으로 회복되는 탄성이 있습니다. 우리가 이러한 꽃무늬 담요를 좋아하지 않으면 꽃은 사라져서 땅 위쪽이 말끔합니다. 그것은 어디로 가는가 하면, 마치 물처럼 땅속으로 스며듭니다. 땅속으로 스며든 후, 하늘에는 또 새 꽃이 떨어지고, 또 새로운 꽃무늬 담요가 깔리며, 돌고 다시 시작합니다.

공중에서 떨어지는 보배 꽃과 보배 옷의 다양한 색채는 말로 다하지 못합니다. 게다가 그것은 빛을 발하고 향기가 있어 「무량한 향기가 두루 훈습한다」 하셨습니다. 이 문구는 장엄우공덕성취의 중점입니다. 서방극락세계에서는 어떠한 물질이든 모두 향기가 있고 모두 빛을 발하므로 이 세계를 보배 향기가 두루 훈습하고 광명이 두루 비추는 「향광세계香光世界」라 합니다. 우리가 부처님의 광명을 접촉하면 번뇌가 사라지고 무명이 깨뜨려집니다. 보배 향기를 맡아도 이와 같아서 이러한 향은 우리의 무량겁 이래 쌓인 번뇌와 습기를 모두 훈습하여 제거할 수 있습니다.

우리가 사는 세상의 향은 비록 몸을 상쾌하게 할지라도 번뇌를 끊고 무명을 깨뜨려 지혜를 열 수는 없습니다. 이는 바로 사바세계의 향이 극락세계의 그것과 견줄 수 없는 부분입니다. 이러한 이치를 명백히 알아야 극락세계에서는 왜 세 가지 불퇴가 생기는지, 이곳에서는 왜 퇴전하는지 알 수 있습니다. 육근六根이 육진六塵경계와 접촉하면 번뇌가 생기고 탐진치·교만이 생기지만, 서방극락세계에서는 육근이 육진경계에 접촉하면 번뇌가 생기지 않고 지혜가 생겨서 확실히 마음이 일어나고 생각이 움직이며 분별·집착하는 일이 없습니다. 그래서 **하하품으로 왕생하여도 위불퇴位不退·행불퇴行不退·염불퇴念不退의 세 가지 불퇴를 원만**

히 증득합니다. 바꾸어 말하면 하품하생한 사람도 서방극락세계에서 등각보살과 마찬가지로 일생동안 구경 원만한 불과를 증득할 수 있습니다. 이는 진정으로 불가사의하고, 믿기 어려운 법으로 타방세계에는 없는 일입니다.

극락세계에는 여러 가지 향기가 있습니다. 이러한 향기는 미묘한데, 미묘함은 어디에 있습니까? 극락세계 사람의 법신혜명法身慧命에 영양을 공급할 수 있으니, 극락대중의 지혜가 자라고 복덕이 자라도록 돕습니다. 극락세계의 수많은 사물들은 모두 극락대중이 도업道業을 성취하도록 돕습니다. 도업은 바로 복혜福慧입니다. 수많은 사물들은 전부 사람들의 복혜가 늘어나게 하고 업장을 제거하니, 이와 같은 세계에 어찌 가지 않을 수 있겠습니까?

우리가 진정으로 이렇게 됨을 믿는다면 저절로 발심하게 됩니다. 현재 이민 가라고 하면 어느 곳으로 이민을 가는 것이 가장 좋겠습니까? 극락세계가 가장 좋습니다. 이민조건은 매우 간단하여 진심으로 믿고, 진심으로 가고 싶어 하며, 진심으로 아미타불 부처님 명호를 염하면 됩니다. 믿음 · 발원 · 염불행, 이 세 가지 조건을 갖추기만 하면 극락세계로 이민 갈 수 있습니다.

[제10장엄 광명공덕성취]

어리석음과 암흑을 깨뜨리는 청정세계

앞 원생게에서 「형상장엄」을 말할 때 광명이 국토에 두루 가득하고 극락정토 전체는 광명을 상으로 삼는다고 말씀하셨고, 「묘색장엄」을 말할 때 극락정토에서는 만물이 현현할 때 광명의 불꽃이 활활 불타올라 그 무엇과도 견줄 수 없다고 말씀하셨습니다. 이상의 말씀은 모두 바깥 환경의 광명을 가리킵니다. 여기서 말씀하시는 광명은 아미타부처님의 지혜광명을 가리킵니다.

아미타부처님께서 보살도를 행하실 때 제불국토를 참방하니, 비록 어떤 불국토의 중생은 아라한과 보살처럼 정수리 위에 원광圓光이 있고 신광身光이 있으며, 나아가 일반인에게도 존재하여 한 사람 한 사람 모두 광명을 놓을지라도, 그 광명의 크기는 다르고 색채도 다릅니다. 모두 광명이 있을지라도 속마음은 여전히 어리석음과 암흑 가운데 있습니다. 그래서 법장보살은 그의 세계와 생활환경, 의보와 정보는 모두 광명을 놓게 하겠다고 발원하셨습니다. 서방세계는 땅바닥 아래까지 모두 밝습니다. 그래서 땅바닥 아래 일체가 모두 또렷하게 보여서 그것은 어둡지 않습니다. 이런 경계는 물질적인 어둠뿐만 아니라 우리의 시작도 없는 무명을 제거할 수 있을 만큼 공덕이 큽니다. 이러한 경계는 물질상의 어두움을 제거할 뿐만 아니라 우리의 무시겁 이래 무명을 제거할 수 있습니다. 이러한 공덕은 대단히 큽니다.

극락세계에는 해와 달이 없는 대신에 모든 일체 현상이 방광을 합니다. 몸도 방광을 하고, 궁전도 방광을 하며, 수목 화초 대지 천공도 모두 방광을 하는 광명세계입니다. 그 광명은 어디에서 유래하는가 하면 아미타부처님의 본원공덕이 나타난 것으로 여래과지如來果地 상에 드러나는 경계입니다. 《무량수경》에서는 우리에게 아미타부처님께서는 진실의 지혜에 머물러 계신다[18] 고 말씀하십니다. **진실의 지혜는 본성 안에 있는 반야지혜입니다. 본성 안의 반야지혜가 일으키는 광명이 두루 비추면 무명을 비추어 깨뜨리는 능력이 생깁니다.** 오늘날 과학기술은 더욱 발달하여 조명도구가 예정보다 더 수승하지만 우리의 번뇌 · 무명을 비출 수는 없습니다. 왜냐하면 그것은 의식심意識心 안에서 변하여 나타나는 것으로 지혜가 아니기 때문입니다. 이는 바로 광명의 근원과 같지 않은 연고입니다.

---

18) "법장보살은 세자재왕여래 앞에서 제천 · 인간 대중 가운데서 이러한 홍서원을 발하고서 진실의 지혜에 머물며 용맹 정진하며 심지心志를 전일하게 하며 미묘한 국토를 장엄하였느니라." _《불설대승무량수장엄청정평등각경》, 제8품 무량공덕을 쌓아나가다

《왕생론》 원생게에서 말씀하시길,

부처님의 지혜 광명 · 청정은 태양 같아서
세간의 어리석음과 암흑을 제거합니다.

佛慧明淨日 除世痴闇冥。

「불혜명정일佛慧明淨日」, 이는 불타의 지혜광명을 해와 같다 비유한 것입니다. 불광은 널리 비추어서 극락세계를 비출 뿐 아니라 허공법계를 두루 비춥니다. 아미타부처님의 불광은 무량무변하여 궁진함이 없습니다. 우리에게는 업장이 있기 때문에 볼 수 없습니다. 만약 우리가 진실로 믿고 의심하지 않으면 불광이 비춤을 느낄 수 있습니다. 부처님의 지혜광명은 우리를 도와 업장을 없애고 지혜가 늘어나게 합니다.

「제세치암명除世痴闇冥」, 불광의 공능은 우리의 어리석음(愚痴)과 암흑(闇冥)을 깨뜨리는 것입니다. 「치痴」는 여기서 견사번뇌見思煩惱와 진사번뇌塵沙煩惱를 대표하고, 「명冥」은 무명번뇌를 대표합니다. 모든 일체 번뇌는 부처님의 지혜광명 아래 모두 나타날 수 없습니다. 치痴와 명冥 두 글자는 바로 세 범주의 번뇌를 가리킵니다. 이는 전부 불선업不善業이 누적된 과보입니다.

우리는 무시겁 이래로 마음을 일으키고 생각을 움직이며 말하고 행동함이 업 아님이 없습니다. 업은 청정한 것도 있고 물든 것도 있습니다. 물든 업 속에는 선도 있고 악도 있지만, 악은 많고 선은 적습니다. 선인善因을 지으면 선과善果를 얻고, 악인惡因을 지으면 악보惡報를 얻습니다. 복보福報이든지 죄보罪報이든지 전부 육도윤회를 여의지 못하고 전부 스스로 짓고 스스로 받습니다. 부처님께서는 일반 사람들은 인과응보를 진정으로 깨달아 이해한 후 감히 더 이상 악업을 짓지 말아야 하고, 경각성警覺性이 높은 사람은 계속 악한 생각을 감히 하지 말라고 가르치셨습니다.

그래서 제1등의 대선大善, 제1등의 대지혜大智慧는 바로 우리의 마음을 아미타불로 바꾸는 것입니다. 나의 마음이 즉시 아미타불이면, 아미타불이 즉시 나의 마음입니다. 이는 제일중의 제일로 우리도 할 수 있습니다. 우리가 다른 업을 짓지 않고 전문으로 서방극락세계에 태어나길 구하는 이 업을 지으면 이 업을 「정업淨業」이라 합니다. 부처님께서는 경전에서 매우 잘 말씀하셨습니다. "마음이 청정하면 불국토가 청정하다." 극락세계에 왕생하는 진인眞因은 다른 것이 없고 바로 청정심입니다. 이 한마디 부처님 명호로 우리의 망심·잡념을 정화하여 청정심을 회복하면 이것이 정토에 왕생하기 위해 구비해야 하는 필수조건입니다.

[제11장엄 묘성妙聲공덕성취]

범음이 두루 미치는 미묘한 세계

아미타부처님께서는 인지因地 때에 어떤 세계는 비록 선법이 있을지라도 세상에 널리 미칠 수 없음을 보셨습니다. 그래서 법장보살은 만약 미묘한 음성이 있다면 이러한 미묘한 소리가 중생이 들을 수 있도록 두루 미치고, 또한 음성이 멀리 들릴 뿐만 아니라 일체중생으로 하여금 미혹을 깨뜨리고 개오할 수 있을 것이라 생각하고 이 묘성妙聲공덕성취를 발원하였습니다.

극락세계는 부처님의 설법뿐만 아니라 바람소리와 물소리, 수목화초와 산하대지 전부가 모두 설법할 수 있으니, 이것이 묘성공덕성취입니다. 극락세계는 육진六塵이 모두 설법하여 귀가 예리하여도 좋고, 눈이 예리하여도 좋으며, 코가 예리하여도 좋습니다. 육근 중 어느 한 근이든 서방극락세계는 전부 다 갖추고 있습니다. 그러므로 제불찰토의 중생이 서방극락세계에 왕생하면 각자 모두 그 다른 근성根性에 따라 원만한 이익을 얻을 수 있습니다. 이는 타방세계에서는 없는 일입니다.

《왕생론》에서는 극락정토의 장엄묘성공덕성취를 찬탄하여

말씀하시길,

청정한 음성 심원한 진리 깨닫게 하고,
미묘한 음성 시방세계에 두루 들립니다.

(梵聲語深遠 微妙聞十方)

「범梵」은 청정이고 「성聲」은 음성입니다. 일체 중생이 이 음성을 들으면 번뇌가 생기지 않고 물들어 집착하는 일이 생기지 않으며 몸과 마음이 청정할 수 있습니다. 이러한 음성을 「범음」이라 합니다. 이는 어떤 음성입니까? 이는 아미타부처님께서 경전을 강설하고 설법하시는 미묘한 소리입니다. 미묘함은 어디에 있는가? 하면 설법의 소리가 좋게 들릴 뿐만 아니라 동시에 어떤 법문을 듣고 싶으면 무엇이든 말씀하십니다. 부처님께서는 어디에서 말씀하시든 이 사람이 《무량수경》을 듣고 싶으면 들리는 글자 문구 하나하나 전부 《무량수경》이고, 그 사람이 《화엄경》을 듣고 싶으면 들리는 것은 바로 《화엄경》입니다. 이 미묘함이 진실한 미묘입니다!

이 음성은 미묘할 뿐만 아니라 그 미묘한 음성이 「시방세계에 들린다」는 점입니다. 부처님께서 설법하시는 음성은 시방세계에서 모두 들을 수 있습니다. 담란 스님께서는 《왕생론주》에서

「미묘微妙」를 해석하시길 "삼계를 벗어나 있는 까닭에 미微라 하고, 이름이 능히 개오할 수 있게 하여 묘妙라 한다(出有而有故曰微 名能開悟曰妙)." 하였습니다. 「출유出有」는 삼유三有를 벗어난다는 뜻입니다. 삼유는 바로 삼계로 삼유를 벗어남이란 삼계를 뛰어넘음입니다. 서방세계는 삼계가 아닐 뿐만 아니라 십법계도 아닙니다. 그것은 십법계를 뛰어넘어 일진법계一眞法界입니다. 특히 얻기 어려운 세계로, 그것은 보현보살의 법계입니다. 왜냐하면 서방극락세계의 사람은 처음 염불해 가든 혹은 오래 수행해 가든 모두 보현대사의 덕을 닦습니다. 그래서 그것은 보현보살의 법계입니다. 이것이 「미微」의 뜻을 말한 것입니다. 또한 서방세계의 일체 명상名相은 모두 사람을 개오할 수 있도록 도우니, 진실로 미묘하여 견줄 수 없습니다!

세존께서 경전에서 우리에게 말씀하시길, 만약 어떤 사람이 일생동안 「서방극락세계」의 이름을 듣고 「아미타불」의 명호를 들어서 한번 귀에 스치기만 하여도 영원히 불도의 종자가 된다 하셨습니다. 한번 들으면 아뢰야식 안에 이미 종자로 바뀌어서 비록 이번 생에 어떠한 성취가 없을지라도 다생다겁이 지난 후 이 종자가 현행現行을 일으킬 것입니다. 현행을 일으킨다 함은 정토에 태어나길 발원한다는 말입니다.

이로 말미암아 「아미타불」 부처님 명호를 듣고서 발원하여도 왕생할 수 있고, 서방정토의 이름을 듣고서 발원하여도 모두 왕생할 수 있음을 알 수 있습니다. 이는 국토의 이름과 부처님의 이름을 듣는 것으로 모두 일체중생으로 하여금 개오하게 할 수 있다는 증명입니다. 이것이 「미묘문시방微妙聞十方」입니다. 그래서 일체제불보살께서 모두 홍양하고 칭찬하십니다.

[제12장엄 주主공덕성취]

가장 잘 주지하는 정각세계

《왕생론》 원생게에서 말씀하시길,

아미타부처님께서 무상정등정각을 증득하시고
법왕으로 잘 주지하십니다.

正覺阿彌陀 法王善住持。

《왕생론》은 총 24수의 게송이 있는데, 이 두 마디 게송이 24수의 중심입니다. 서방극락세계의 교주님은 아미타부처님이십니다. 만약 아미타부처님이 계시지 않으면 서방극락세계는 없고 일체의 장엄도 없습니다. 극락세계의 무량한 장엄은 모두 아미타부처님으로부터 생겨납니다. 그래서 이 두 마디는 주主입니다. 이 게송의 「주主」와 아래 단락에서 말하는 「권속」은 모두 정보를 말하지 않고, 의보를 말합니다. 의보는 아미타부처님 본인이 아니라 아미타부처님께서 불토를 장엄한 공덕입니다. 그래서 「주主 공덕성취」입니다.

법장보살이 보니, 어떤 국토에서 나찰을 군주로 세우고 아수라를 왕으로 삼았더니 온 나라가 위아래 서로 번갈아 잔인하게 죽이는 결과가 초래되었습니다. 전륜왕이 세상에 나와서 보륜寶輪이 대전大殿에 안온히 머물 때 천하가 태평무사하였습니다. 또한 나라의 주인이 국토에 영향을 미치는 힘이 생긴 후로는 그래서 국토에 항상 법왕이 세상에 머무르고 법왕이 위없는 최선의 자비력으로써 국토를 주지住持하는 모습을 보았습니다.

부처님께서 이미 구경원만한 불과인 무상정등정각無上正等正覺을 증득하시고서 비로소 잘 주지住持할 수 있었습니다. 예컨대 한 집안의 주인이 잘 주지하여야 이 집안이 망하지 않고 세세대대 계승하는 사람이 있고, 한 국왕이 잘 주지하여야 이 나라는 영원히 존재합니다. 극락세계는 영원히 존재하는데, 어떠한 힘이 그것을 지지하느냐 하면 아미타부처님의 원력이 주가 되고, 시방세계에서 왕생하는 염력이 보조가 됩니다.

지치거나 싫증내는 마음 없이 아미타부처님께서는 어떤 방법으로 잘 주지하실까요? 교학教學으로 잘 주지하십니다. 즉 중단하지 않고 강당에서 경전을 강설하고 설법하시며, 싫증내지 않고 꾸준히 가르치십니다. 동시에 또한 극락의 보살들은 무량무변한 몸으로써 시방세계에 가서 참학參學하고, 부처님께 절하며, 경전 강설을 듣고 법문을 들을 수 있습니다. 그래서 극락세계로 가는 연분緣分은 무량무변하고, 추호도 장애가 없습니다. 극락 대중의 장래의 성취는 모두 아미타부처님과 같습니다. 모두 아미타부처님의 분신으로 한분의 아미타부처님이 무수한 다함이 없는 아미타부처님으로 변하여야 비로소 이 견줄 수 없이 수승한 법문을 허공법계에 두루 전할 수 있습니다.

서방세계의 도사는 아미타부처님이십니다. 그분은 일체 법에서 자재하고 일체 법에 모두 통달하여 명료하고 장애가 없습니다. 그래서 「법왕法王」이라 불리십니다. 「왕」은 비유로 자재하다는 뜻입니다. 이른바 인을 닦고 과를 증득함으로 인과가 원만하여 '인'은 진정으로 구경에 도달하고 '과'는 저절로 출현하니, 극락세계가 바로 이렇게 성취합니다. 그래서 우리가 극락세계에 왕생하면 우리의 자성은 아미타부처님과 같아서 우리의 번뇌를 아미타부처님께서 깔끔히 없애시고, 우리의 업장을 아미타부처님께서 완전히 녹이십니다. 그래서 이렇게 장엄한 환경을 드러내어 우리에게 수학하는 도량을 제공하십니다.

극락국토에 왕생한 이들 중생은 아미타부처님의 본원 위신력에 의지하여 점차적으로 번뇌 · 업장이 사라지고, 자성속의 공덕이 아미타부처님의 원력과 아미타부처님의 공덕과 상응합니다. 그래서 극락세계는 갈수록 장엄하여 영원히 쇠퇴하지도 변하지도 않습니다. 자성 속의 지혜 · 덕능 · 상호 · 신통 · 도력은 아미타부처님께서 연설하는 가운데 확실히 표연表演[19]해 낼 수 있습

---

19) "표연表演은 내가 한 것을 다른 사람에게 보여주는 것으로 자신이 마음이 편안하고 쾌적하며, 즐겁고 활달하다는 것을 표현하여 다른 사람이 이를 보고서

니다. 이것이 가장 잘 주지하는 것입니다.

극락세계가 이렇게 아름답고 교육이 충분히 효과가 있어 한 사람 한 사람 모두 잘 가르친다면 어느 정도까지 좋을까요? 한 사람 한 사람 모두 보살이 되고 부처가 될 것입니다. 성불하면 업을 마치고, 업을 마치면 상적광常寂光으로 돌아갑니다. 상적광 안에는 형상이 없습니다. 그래서 여러 보살들이 극락세계에 왕생함은 유형有形의 상로 오는 것이고, 업을 마친 후에는 무형無形의 상으로 가는 것입니다. 이것이 훨씬 미묘합니다!

아미타부처님의 교학은 거대한 섭수력攝受力을 낳아서 듣는 이로 하여금 환희심을 내게 하고, 그만두려고 해도 그만둘 수 없으며, 영원히 듣고 싶어지고, 싫증내는 마음이 없으니, 그 원인이 어디에 있겠습니까? 부처님께서 설하신 것은 전부 행하면 망상 · 분별 · 집착은 진실로 끊어지기 때문입니다.

이로 말미암아 지금 각 국가별 지도자는 모두 자신의 국가를 통치하여 전 세계에서 가장 좋은 국토를 이루길 희망함을 알 수 있습니다. 《무량수경》에서는 아미타부처님께서 솔선수범하여 본보기를 보여주십니다. 아미타부처님의 진성심眞誠心을 볼 수 있을 뿐만 아니라 아미타부처님의 지혜, 이념과 방법, 경험과 효과를 전부 이 경전에서 불 수 있습니다. 아미타부처님은 가장

사모하게 하여 교육할 기회를 주는 것입니다." _《무량수경친문기》(비움과소통)

잘 주지하는 전형, 모범으로 그를 따라 학습하면 심성을 기를 수 있습니다. 마음을 일으키고 생각을 움직일 때 한 순간의 선심, 한순간의 부드러운 태도로 생기는 지혜는 다른 사람을 감동시킬 수 있습니다.

[제13장엄 권속眷屬공덕성취]

연꽃에 화생하는 기묘한 세계

이른바 주인(主)이 있으면 당연히 손님(伴)이 있습니다. 극락세계의 주인은 스승 교주이고, 손님은 학생 보살입니다. 서방극락세계가 타방세계와 다른 부분은 무릇 그 세계에 이르는 사람은 전부 연꽃에서 화생한다는 점입니다. 이는 평등하게 태어남을 말합니다.

《왕생론주》에서는 아미타부처님께서 인지因地 때에 어떤 국토의 중생이 태어나는 곳에는 청정하지 않은 괴로움이 있고, 여전히 신분계급(種姓)과 지위가 평등하지 않은 괴로움이 있음을 보았습니다. 또한 한평생 평등하지 않으니, 태어나는 곳이 평등하지 않고, 머무는 곳이 평등하지 않으며, 내지 직업의 기회도 평등하지 않으며 교육도 평등하지 않습니다. 평등하지 않으면 남에게 원한이 생기고, 원한이 누적되어 도병겁刀兵劫을 이루면 전쟁이 일어나니 겁난劫難입니다!

아미타부처님께서는 인지에서 이러한 괴로움을 보시고서 국토를 장엄하겠다는 뜻을 세우시니, 무릇 서방극락세계에 태어나는 것으로 보살이 왕생하든, 혹은 가난하고 천한 사람이 왕생하든, 심지어 오역십악의 중죄를 지은 사람일지라도 임종시 참회하여 서방극락세계에 왕생하든, 전부 칠보 연못 가운데 연꽃에서 화생하니, 평등합니다. 이런 평등은 아미타부처님의 공덕 성취이자 우리 자신의 공덕 성취입니다. 왜냐하면 우리들은 일체제불여래와 동일한 자성이고 동일한 이체이기 때문입니다.

서방극락세계 사람은 태어나는 곳이 같고 머무는 곳이 같으며, 생활환경도 같고, 부처님의 교화를 입는 기연機緣도 같습니다. 사람들은 모두 아미타부처님의 학생으로 높고 낮음이 없습니다. 서방극락세계의 사람은 마음이 평온하여 그 세계는 진정으로 명실상부한 대동세계大同世界입니다. 그래서 「극락極樂」이라 부릅니다. 이 명사는 결코 과분하지 않습니다. 진정으로 극락세계는 평등하여 어떠한 차별도 없기 때문입니다.

극락세계는 범성동거토凡聖同居土인 하하품에서 실보장엄토實報莊嚴土인 상상품에 이르기까지 한결같이 평등합니다. 비록 구품의 차별이 있을지라도 실제로는 구품의 한계가 없습니다. 구품은 어디에서 나누어집니까? 각자 지닌 마음속의 번뇌가 가볍고 무거워 동등하지 않습니다. 이것을 제외하고는 생활환경, 일체 필요한 것들에는 추호의 차별도 없습니다.

《왕생론》 원생게에서 말씀하시길,

아미타여래의 청정한 연꽃 속 대중은 모두 정각의 보배 연꽃에서 화생합니다.

如來淨華衆 正覺華化生。

「여래」는 아미타부처님입니다. 극락세계에 왕생하는 대중은 각자 모두 칠보 연못 가운데 연꽃에서 화생합니다. 그래서 「정화중淨華衆」, 청정한 연꽃 속의 대중입니다. 「정각화화생正覺華化生」, 이는 서방극락세계 아미타부처님의 법회에 모인 모든 대중은 태생胎生도 아니고, 난생卵生도 아니며, 습생濕生도 아니라 전부 화생化生일 뿐만 아니라 연꽃 가운데 화생합니다. **칠보 연못 가운데 연꽃은 정각보화正覺寶花로 아미타부처님의 성덕性德이 변하여 나타난 것입니다. 사람들의 심지心地가 청정하여 자신의 견해를 우기는 고집이 없고 계속해서 분별 집착과 마음을 일으키고 생각을 움직이는 망상이 모두 없습니다. 이것이 권속眷屬이 평등함입니다.**

어떻게 해야 극락세계의 권속이 될 수 있습니까? 《무량수경》에서는 우리에게 왕생하는 방법을 가르쳐 인도하고 있습니다. **삼배구품三輩九品은 일심삼배一心三輩와 정토를 전수하지 않고 기타 법문을 닦거나 다른 종교를 수학하는 사람도 포괄합니다. 단지 참으로 믿고 진실로 발원하여 최후 임종시 한마디 「아미타불」 부처님 명호를 염하기만 하면 반드시 왕생합니다.** 불씨문중에는 한 사람도 버리지 않으니, 아미타부처님을 믿기만 하면 위로 등각보살에서 아래로 지옥중생에 이르기까지 믿고 발원하여 아미타불 부처님 명호를 염하여 왕생하는 동일한 방법으로 서방극락세계에 태어납니다. 그래서 인因도 같고 과果도 같습니다. 이것이 바로 권속공덕성취로 불가사의합니다.

서방극락세계는 학교입니다. 단지 스승인 부처님과 학생인 권속만 있고 이 두 종류의 사람을 제외하고 그밖에 셋째 종류는 없습니다. 셋째 종류는 그때에 극락세계에 가서 참학·고찰하는 것입니다. 예를 들면 타방세계 제불여래가 와서 방문하고 여러 대보살들이 와서 고찰합니다. 만약 제불께서 오시면 그들이 스승이 됨을 보고 만약 여러 대보살께서 오시면 그들이 학장이 됨을 볼 것입니다. 그래서 이는 수행하여 불과를 증득하는 가장 이상적인 도량으로 이렇게 훌륭한 도량을 더 이상 찾을 수 없습니다.

극락세계는 가기가 매우 쉽습니다. 단지 믿음과 발원을 갖추기만 하면 갈수 있습니다. 왕생하는 품위의 높고 낮음은 우리의 염불에 달려있습니다. 내가 참으로 믿고 내가 진실로 왕생하려는 발원과 뜻이 있으면 가서 성취할 수 있습니다. 날마다 시간이 있으면 염불하고 시간을 낭비하지 말며 다른 생각은 하지 말고 이번 일생동안 결정코 왕생하십시오. 우리의 사상을 악한 생각이든 선한 생각이든 전부 철저히 제거하고 좋은 것이든 나쁜 것이든 똑같이 전부 철저히 제거하십시오. 마음속에 단지 한번 장엄하신 아미타부처님만 계셔서 마음속에 방광하며 마음속에 주지하십시오! 날마다 독경하고 아미타부처님의 설법을 들으십시오. 세존의 설법과 아미타부처님의 설법은 하나이지 둘이 아니거늘, 어떻게 성취하지 못하겠습니까!

[제14장엄 수용受用공덕성취]

수용이 갖추어진 여의한 세계

수용受用이란 무엇인가 하면 일상생활을 말합니다. 서방세계의 수용은 물질생활을 포함할 뿐만 아니라 정신생활도 그 가운데 포함합니다. 육도에 사는 중생은 그 생활이 상당히 고통스럽습니다. 정신과 물질생활로 인한 스트레스가 매우 많아 설령 마음으로는 학불學佛을 하고 싶지만, 장애가 겹겹이 쌓여 뜻대로 되기가 매우 어렵습니다. 가장 큰 장애는 입을 것과 먹을 것을 구하느라 지나치게 걱정하는 것입니다. 사람이 이 세상에서 매일 바쁘게 일하는 것은 왜이겠습니까? 입을 것과 먹을 것을 구하느라 너무나 고됩니다!

아미타부처님께서 인지因地에서 매우 많은 세계의 중생을 보니, 살생 · 도둑질 · 거짓말 등 죄업을 저질러서 수용受用을 구하여 마침내 악취惡趣에 떨어져 무량한 괴로움을 겪었습니다. 또한 어떤 중생은 옛날에 지은 인색하고 탐내는 등의 업 때문에 금생에 수용이 궁핍하고 굶주림을 느꼈습니다.

법장보살은 이러한 상황을 보고서 그의 세계 일체중생은 절대로 입을 것과 먹을 것을 구하느라 뛰어다닐 필요도 없고, 머물 것을 구하느라, 먹을 것을 구하느라, 입을 것을 구하느라 근심할 필요도 없이 이러한 것들이 일체 저절로 마음이 바라는 대로 공급되길 발원하였습니다. 이로 인해 국토에 수용공덕이 갖추어 지도록 하겠다는 뜻을 세웠습니다.

《왕생론》 원생게에서 말씀하시길,

불법의 맛을 좋아하고 즐기며,
선정 삼매를 음식으로 삼습니다.

愛樂佛法味 禪三昧爲食。

극락세계 사람은 모두 불법의 맛을 좋아하고 즐깁니다. 불법의 맛은 무엇입니까? 깨달아 미혹하지 않고(覺不迷) · 올발라 그릇되지 않으며(正不邪) · 청정해 물들지 않습니다(淨不染). 극락대중은 어느 때이든 묘법을 듣고 각覺 · 정正 · 정淨이 가장 원만한 경계 안에서 심신을 도야하고 염념마다 모두 법희를 느낍니다. 그래서 아무도 심신이 게으르고 피곤한 느낌이 일어나지 않습니다. 이 법희의 에너지는 직접 자성에서 유래하고, 자성의 에너지를 섭취攝取합니다.[20]

---

20) 극락세계에 태어난 후에는 항상 순전히 청정한 법의 기쁨과 즐거움만을 누린다. 《왕생론》에서도 "불법의 맛을 좋아하고 즐기며, 선정 삼매에 드는 것을 음식으로 삼는다(愛樂佛法味 禪三昧爲食)."라고 하였다. 이것은 극락세계의

우리는 이 세상의 일상생활에서 사소한 수용이 너무나 많아 말로 다할 수 없습니다. 이를 귀납하면 늘 두 가지 범주 밖에 없는데, 하나는 물질상의 수용, 또 다른 하나는 정신상의 수용입니다. 요즘 사람들은 단지 물질적 수용을 누릴 뿐, 정신적인 수용을 소홀히 합니다. 그래서 부유해도 즐겁지 않고 귀해도 즐겁지 않습니다. 무슨 원인이냐 하면 정신생활의 수용은 결핍되어 있기 때문입니다. 실제로 진정한 정신생활은 지혜이고 덕행입니다. 이러한 생활은 세간 사람의 향수를 훨씬 뛰어넘습니다. 고인의 말씀에 "세상의 맛이 어찌 법미보다 진한 것이 있겠는가(世味哪有法味濃)." 하셨습니다. 이는 세간의 향수 수용은 불법의 향수에 견줄 수 없음을 가리킵니다.

불법의 향수는 법락이 있는데, 법락은 어디에 있습니까? 수학

성중이 끊임없이 법의 기쁨과 즐거움을 누리는 것은 음식으로 몸을 주지住持하고 장양(長養; 성장)시키듯이 성중은 광대한 불법의 기쁘고 즐거운 맛과 선정의 묘락妙樂으로 몸과 마음을 주지하고 선법을 장양시킨다는 말이다. 예컨대 정토의 부드러운 보배와 접촉할 때 오직 무루의 즐거움만이 생기고, 염애染愛의 쾌락은 멀리 여읜다. 아미타부처님의 위신력으로 말미암아 가피를 받아 왕생한 자의 마음은 그래서 정토에 있는 만물과 접촉할 때 수승한 안락이 생기고 즐거움이 생기지만, 마음에는 염착染着이 없다. 법의 기쁨과 즐거움을 누리는 상황은 어떠한가? 《법화경》에서는, 일월등명日月燈明佛께서 묘법을 널리 설법하실 때 법회 대중과 계속해서 편안히 앉아 법문을 들으면서 64겁이 시났지만, 마치 밥 한 끼를 먹는 짧은 시간처럼 느껴지고 몸과 마음에 피곤 등의 느낌이 나타나지 않는다고 한다. 이것은 바로 그것들 모두 매우 깊은 법에 대한 기쁨과 즐거움에서 비롯하기 때문이다. _《아미타경심요》

하는 가운데 체오體悟한 경지에 완전히 있습니다. 교하教下(교종)에서는 번뇌가 가벼워지고 지혜가 늘어난다고 늘 말하는데, 이것이 진실한 즐거움입니다. 진정으로 번뇌가 가벼워지고 지혜가 늘어나는 경지에 도달하면 세간법에서도 법희를 얻을 수 있습니다. 법희는 어디에서 유래합니까? 불타의 가르침을 받아들이면 자신의 신심은 제불여래와 법신보살과 융합하여 일체가 됩니다. 우리가 법희를 얻을 수 없고 불법의 맛을 맛볼 수 없는 이유는 우리가 세간의 애욕 가운데 미혹하여 눈앞의 칠정오욕七情五欲의 향수를 탐내기 때문입니다. 비록 이 향수하는 시간은 매우 짧을지라도 나중의 과보는 결정코 삼도육도三途六道로 그 괴로움은 말할 수 없습니다!

서방극락세계 사람의 몸은 우리의 몸과 같지 않은데, 그는 에너지를 어떻게 보충합니까? 그의 에너지는 경전 강설을 듣고 법문을 듣는 것입니다. 게다가 아미타부처님께서는 경전과 교학을 중단 없이 강설하십니다. **서방극락세계의 사람은 음식이 필요하지도 수면이 필요하지도 않으며, 정신이 충만하고 정력이 넘쳐흐릅니다. 그는 법성신法性身입니다. 무엇을 음식으로 삼습니까? 불법으로 선정으로, 삼매로 음식을 삼습니다.** 삼매는 정수正受라는 뜻으로 정상적인 향수를 말합니다. 정상적인 향수는 바깥에 의지하지 않습니다. 자성이 본래 갖춘 공덕에너지에 의지해 이것을 가지고 몸을 먹여 살립니다. 바깥을 향해 구하지 않으면 자재합니다.

이제 막 서방극락세계에 도달한 초학자는 여전히 음식의 습기가 생기고, 이런 의념이 생깁니다. 이런 생각을 하면 음식이 저절로 면전에 차려집니다. 면전에 차려지면 먹고 싶지 않아도 단지 음식의 미묘한 색을 보고 미묘한 향을 맡기만 하면 몸은 편안하고 만족하며, 저절로 배가 부르다고 느낍니다. 수용이 완전히 끝나면 음식은 저절로 사라져서 치울 필요가 없습니다. 서방극락세계의 수행인은 더 이상 음식이 필요하지 않습니다.

그래서 서방극락세계에서 향수는 확실히 대단히 자재합니다. 신경을 쓸 필요도 없고, 경영을 할 필요도 없으며, 이렇게 수고할 필요도 없습니다. 옷을 생각하면 옷을 얻고 음식을 생각하면 음식을 얻어 일체 수용이 마음이 원하는 대로 이루어집니다. 이는 시방세계에는 없는 일입니다.

[제15장엄 무제난無諸難공덕성취]

극락세계는 영원히 재난이 없는 안락세계이다

이 문구를 보면 특별한 느낌이 듭니다. 이 세상에는 재난이 갈수록 심각해고 있습니다. 왜냐하면 현대인의 마음속 선하지 못한 생각이 한 해 한 해 더욱 더 늘어나기 때문입니다. 부처님께서는 우리에게 의보는 정보에 따라 바뀐다고 하셨습니다. 이는 환경은 사람의 마음을 따라 전변한다는 말입니다. 사람의 마음이 모두 점점 선량해지면 환경도 좋아집니다. 사람의 마음이 선하지 않으면 이 세계에는 재난이 갈수록 많아집니다.

현재 우리가 겪는 것이 바로 여러 재난입니다. 빈부귀천 남녀노소에 상관없이 단지 이 지구상에 머물기만 하면 겪어야 하는 것으로 매우 괴롭습니다! 부처님의 눈으로 보면 육도의 중생에게 이러한 고난은 영원히 끊어지지 않습니다. 왜냐하면 이들 중생은 끊임없이 고苦의 인을 짓고 인이 끊어지지 않는데 과가 어떻게 끊어지겠습니까? 인과는 서로 잇닿아 있습니다.

부처님께서는 사람이 세상에 살면서 만나는 일체의 운은 모두 업인業因의 과보라 하셨습니다. 과거세에 복을 닦았다면 이번 생에 복을 누릴 수 있지만, 과거 생에 복을 닦지 않았다면 이번 생에 괴로움을 겪을 것입니다. 괴로움을 겪으면서 달가워하지 않고 마음으로 업을 짓는다면 더욱더 괴로울 것입니다. 몇 사람이 고난을 겪는 가운데 깨달아서 악을 끊고 선을 닦겠습니까? 그래서 아무리 더욱 괴로운 나날이 와도 이를 꽉 깨물며 지내면서 하늘을 원망하지 않고, 남을 탓하지 않으며, 매일 업장을 참회하며 제거하고, 악을 끊고 선을 닦으며, 공덕을 쌓으면, 우리가 이번 생에 겪는 고난의 환경을 바꿀 수 있습니다. 이러한 이치를 알면 정말 바꿀 수 있습니다. 불법에서는 늘 "불씨문중에는 구함에 있으면 응함이 있다(佛氏門中 有求必應)." 늘 말하는데 바로 이러한 상황을 말한 것입니다.

우리에게는 괴로움이 있고 어려움이 있습니다. 불문에 이르러 방법을 구하면 진실로 있습니다. 그것은 미신이 아닙니다. 우리가 불보살에게 이마를 조아리며 절을 하고, 향을 사르고 공양하면 불보살님께서 우리를 보우하십니다. 이는 미신이고 진실이 아닙니다. 불보살이 어떻게 우리를 보우하겠습니까? 경전에서 말하는 이치·방법을 우리가 모두 알아보고 명백히 듣고 깨달아서 이 언덕으로 고개를 돌릴 수 있습니다! 이것이 불보살님의 보우保佑입니다.

《왕생론주》에서 언급하길, 아미타부처님께서 인지因地 때에 중생의 신심에 갖가지 고난이 있고, 설사 조금이라도 안락을 얻을지라도 순식간에 빼앗기고, 보유할 수 없음을 보았습니다. 이로 인해 법장보살은 영원히 고난이 없을 뿐만 아니라 안락이 이어지는 국토를 이루겠다는 뜻을 세웠습니다.

《왕생론》 원생게에서 말씀하시길,

영원히 몸과 마음의 고뇌 여의고
언제나 끊임없이 안락을 누립니다.

永離身心惱 受樂常無間。

이 두 구에서는 여러 어려움을 영원히 여읜다고 말합니다. 「신심뇌身心惱」, 몸의 고뇌(身惱)란 배고픔 갈증 추위 더위 살해 등 신체상으로 생겨나는 고뇌를 말합니다. 마음의 고뇌(心惱)란 시비득실을 따짐으로 말미암아 일어나는 탐 · 진 · 치 등 마음상의 고뇌를 가리킵니다. 극락세계는 여러 재난이 없을 뿐만 아니라 안락이 이어져서 중단이 없습니다. 왜냐하면 그곳의 사람들에게는 그릇된 사상 · 그릇된 견해 · 그릇된 행이 없습니다. 이는 아미타부처님의 교육성취입니다.

아미타부처님은 이끄는 스승(導師)으로 우리에게 각覺 · 정正 · 정淨을 가르치므로 결정코 신심의 고뇌와 우환이 없습니다. 그곳의 중생은 결정코 사람을 해치는 생각이 없습니다. 그래서 그 세계에서는 도병刀兵의 재난이 없습니다. 시비득실, 탐진치 · 교만이 없습니다. 왜냐하면 그 세계는 평등세계로 탐진치 · 오만이 그 환경에서 생겨날 수 없습니다. 그래서 "즐거움을 항상 중단 없이 누리고 영원히 신심의 고뇌를 여읩니다(受樂常無間 永離身心惱)."

서방세계 사람은 영원히 몸과 마음의 번뇌는 없지만, 이런 일만 없을 뿐만 아니라 계속해서 이런 명칭조차 없습니다. 왜냐하면 극락세계는 괴로움의 연이 없고, 육근六根이 접촉하는 경계는 결정코 근심과 슬픔, 고뇌의 생각을 일으키지 않기 때문입니다. 그래서 이 세계를 「극락」이라고 부릅니다.

우리가 염불하여 정토에 태어나길 구하고 싶지만, 염불공부가 득력하지 못하고, 장애의 반연이 너무나 많아 다른 사람이 우리를 대신해 업장을 제거할 방법이 없습니다. 이러한 장애의 반연을 철저히 제거하려면 완전히 자신에게 의지하여야 합니다. 불법에서는 좋은 방법이 있으니, 바로 경전 강설을 듣고(聽經) 염불하며 부처님께 절하는 것(拜佛)입니다. 만약 하루에 1천배, 3천배 절하면 마음이 안정됩니다. 아미타부처님께 예배하고, 모든 일체제불께 전부 예배하면 하나는 곧 일체이고 일체가 곧 하나입니다. 아미타부처님은 자성불이고, 일체제불은 자성을 여의지 않습니다. 우리는 이러한 이치를 명백히 압니다. 그래서 마음을 아미타부처님께 전주專注하여 일체공덕을 아미타부처님께 회향하고, 일체중생에게 회향하며, 자성께 회향하면 우리의 심량을 개척합니다. 심량이 태허를 감싸고, 항하사 세계를 두루하면 청정평등각이 현전합니다.

[제16장엄 대의문大義門공덕성취]

극락세계는 일생에 성불하는 대승세계이다

《왕생론》 원생게에서 말씀하시길,

극락세계는 대승의 선근경계,
평등일미로 비난하고 싫어하는 이름이 없으며,
여인과 장애인으로 왕생하지 않고
이승의 종성으로 왕생하지 않습니다.

大乘善根界 等無譏嫌名 女人及根缺 二乘種不生。

「대의문大義門」은 대승의 문입니다. 대승불법은 무엇을 닦습니까? 진성심眞誠心·청정심·평등심·정각심正覺心·자비심을 닦습니다. 극락세계의 견줄 수 없이 수승한 과보는 바로 여기에서 유래합니다. 극락세계는 대승의 대승으로 여래와 여러 보살의 선근이 생겨나는 세계입니다.

《왕생론주》에서 말씀하시길, "나의 국토는 모두 대승일미이고 평등일미로 오근이 무너져 쓰지 못하는 종자는 끝내 태어나지 못한다(國土皆是大乘一味 平等一味 根敗種子 畢竟不生)." 하셨고, 또한 말씀하시길, "삼계 밖에는 정토를 제외하고 다시 태어나는 곳이 없으니, 오직 응당 정토에 태어나야 한다(三界外除淨土更無生處 是以唯應於淨土生)." 하셨습니다. 왜 삼계 밖에는 정토를 제외하고 다시 태어나는 곳이 없다고 말씀하십니까? **시방제불의 찰토가 그렇게 많은데, 왜 반드시 아미타부처님의 극락세계에 태어나야 합니까? 왜냐하면 타방세계 제불정토에 태어나면 성불하는데 3대아승지겁이 걸리지만, 아미타부처님 극락정토에 태어나면 성불하는데 대개 3~4겁이 걸리니, 너무나 빠르기 때문입니다! 원인은 무엇입니까? 서방정토는 대승일미大乘一味이고 평등일미平等一味입니다.** 타방세계 제불정토에는 모두 삼승三乘·오승五乘이 있어 평등일미가 아닙니다. 그래서 담란 스님께서는 우리에게 아미타부처님의 극락정토에 왕생해야 한다고 권유하셨습니다.

만약 중생이 극락세계에 왕생할 수 있으면 성불의 대문으로 들어가는 것이나 다름없습니다. 왜냐하면 극락세계에 태어나 의지하는 것은 위없는 대승의 도사이신 아미타부처님일 뿐만 아니라 아미타부처님 본원 위신의 가지加持 하에 성취하는 것은 대승의 지극히 광대한 지혜·자비·신통·변재 등 공덕이기 때문입니다. 흥기興起하는 것은 미래제가 다하도록 시방세계에 화현하여 군생의 사업을 두루 이롭게 하는 것이고, 행지行持하는 것은 자신과 남을 이롭게 하고 두루 광대한 보현행普賢行의 바다이며, 언제 어느 곳에서든 인연하는 것은 모두 대승법입니다. 그래서 극락세계에 태어남은 바로 대의大義의 문으로 들어가 성취하는 것입니다.

또한 《왕생론주》에서 말씀하시길, "안락국토에서는 이승의 종자는 태어나지 못하고, 또한 어떻게 이승이 태어나는 것을 방해하는가(安樂國不生二乘種子 亦何妨二乘來生耶)." 하셨습니다. 이는 예를 하나 든 것입니다. 서방세계에는 확실히 이승二乘은 없습니다. 성문·연각은 없지만, 타방세계의 성문·연각은 극락세계에 왕생할 수 있습니다. 서방극락세계에는 또한 여인이 없습니다. 타방세계의 여인은 모두 극락세계에 왕생할 수 있습니다. 서방세계에는 오근에 결함이 있는 사람이 없습니다. 근결根缺은 바로 요즘 말로 장애인입니다. 서방세계에는 장애인이 없지만, 시방세계 장애인은 모두 극락세계에 왕생할 수 있습니다. 이는 서방극락세계에는 이승의 사람, 여인, 오근에 결함이 있는 사람이 없지만, 시방세계 어느 층차에 있는 중생이든 모두 극락세계에 왕생할 수 있음을 가리킵니다. 게다가 극락세계에 가면 평등신을 얻어 몸에는 무량한 상相이 있고, 상에는 무량한 호好가 있습니다. 몸과 상호가 완전히 같고, 대우가 완전히 같습니다. 이는 시방세계에는 없는 일입니다.

《왕생론주》에는 「비난하고 싫어하는 이름(譏嫌名)」을 해석하는 문장이 있습니다. 예컨대 어떤 사람이 심지가 연약하여 용맹하지 않고, 보리를 구하여 중생을 널리 제도하는 대심력大心力이 없으면 다른 사람이 「성문聲聞」 같다고 비난합니다. 또한 예컨대 어떤 남자가 심량이 협소하고, 소견이 짧고 얕으면 다른 사람이 「여인女人」 같다고 비웃습니다. 혹은 어떤 사람이 옳은지 그른지, 그릇된지 바른지 판별할 수 없으면 장님과 같다고 말합니다. 장님은 장애이지만, 결코 진짜 장애가 아닙니다. 이를 비난하고 싫어하는 이름(譏嫌名)이라고 합니다. 서방세계에는 이승, 여인, 장애인 이 세 가지 이름이 없을 뿐만 아니라 비난하고 싫어하는 이름도 없습니다.

이로 말미암아 서방극락세계에 왕생하여 아미타부처님과 가깝게 지내는 사람은 모두 용맹정진할 수 있음을 알 수 있습니다. 왜냐하면 아미타부처님을 가까이 모시며 불력이 가지하여 정신이 충만하고 의지가 굳건하며 지치거나 싫증내지 않으며 결코 게으르지 않습니다.

아미타부처님께서는 인지因地에서 왜 대의문 공덕장엄을 성취하겠다 발원하였습니까? 왜냐하면 법장보살이 보니 시방세계의 어떤 국토에는 비록 불보살 등 성인과 현인의 대중이 있을지라도 국토가 더럽고 탁한 연고입니다. 그래서 일승법一乘法을 삼승으로 설하여 매우 많은 중생이 쉽게 소승으로 나아가서 빨리 보리를 성취할 수 없습니다. 실제로 석가모니부처님께서는 최후의 법화회상에서 사람들에게 선포하여 주시길, "오직 일승법만이 있나니, 이승도 없고 삼승도 없느니라(唯有一乘法 無二亦無三)." 하셨습니다. 이래야 진실의眞實義를 말씀하시게 됩니다. 그래서 서방극락세계는 실제로는 일승一乘입니다. 이로 말미암아 이승 · 삼승은 부처님께서 어쩔 수 없이 말씀하신 것입니다. 삼승三乘은 성문 · 연각 · 보살입니다. 후인은 여전히 「오승불법五乘佛法」을 말합니다. 그것은 더욱 억지로 말하는 것입니다. 그 밖에 법장보살이 보니, 여인은 소견이 짧고 얕으며 심력이 용맹하지 못한 등등의 장애가 있고 오근에 결함이 있는 사람은 근기가 완전할 수 없는 연고로 대의를 성취하기 어렵습니다. 이러한 상황을 보고서 법장보살은 자신이 성취한 국토에는 이승의 종자로 태어날 수 없고 여인과 장애의 현상이 나타나지 않길 발원하여 일미의 대승 선근경계, 대승일미 · 평등일미로 자신이 이러한 세계를 건립하여 확실히 일승법이고 이승도 삼승도 없기를 희망하였습니다. 무릇 왕생한 사람이 정토에 나아가면 일생에 원만 성불할 수 있습니다.

서방극락세계는 확실히 일체 평등하고 청정하여 오염이 없습니다. **실제로 시방세계에 평등하지 않은 세계는 하나도 없습니다. 불평등은 우리 자신이 지어내었습니다. 어떻게 지어내는가 하면 미혹하여 깨닫지 못했기 때문입니다. 어떻게 미혹하는가 하면 아집我執에서 시작됩니다.** 이 몸이 나라고 집착하면 자신의 이익만 생각하고 칠정오욕이 생깁니다. 총괄적으로 말하면 탐진치와 오만 · 의심의 이러한 오염이 생깁니다.

탐진치와 오만·의심은 근본번뇌입니다. 세간의 모든 일체 불선不善은 모두 여기로부터 나옵니다. 불법은 이를 오독五毒이라 합니다. 이 오독은 우리 몸에 질병에 걸리는 근원이자 우리가 거주하는 환경에 일어나는 재난의 근원입니다. 탐욕에 감응하는 것은 물난리(水災)입니다. 해일은 탐욕으로 감득感得[21]하는 것입니다. 성내고 원망함(瞋恚)에 감응하는 것은 불난리(火災)입니다. 화산폭발은 지구온도가 끊임없이 상승한 결과입니다. 이는 성내고 원망함으로 감득하는 것입니다. 어리석음(愚痴)에 감응하는 것은 바람난리(風災)로 태풍, 허리케인, 토네이도입니다. 오만에 대응하는 것은 지진으로 마음이 평온하지 않으면 땅이 진동합니다. 의심은 곧 성인과 현인의 가르침에 대해 의심을 품는 것입니다. 의심을 품으면 믿지 않고 학습하지 않으며, 탐진치 오만이 나타납니다. 그래서 의심을 품는 것은 모든 일체 죄악의 근본입니다.

우리가 정토를 닦으면 온 마음을 다해「아미타불」이 한마디 부처님 명호에 집중하고, 극락세계와 아미타부처님에 대해 결코 의심을 품지 않습니다. 의심을 품지 않음이 진실한 믿음이고, 정토에 태어나겠다고 결심함이 전일한 발원입니다. 이것이 바로 대승선근입니다. 그래서 정토종은 확실히 대승의 뜻과 이익으로

---

21) 「원인이 불러 온 결과를 느끼게 된 것」 즉, 원인과 결과의 법칙을 통해 그 결과가 즐거운 것이건 괴로운 것이건 혹은 즐겁지도 괴롭지도 않은 것이건 그 결과를 느끼게(感) 되고 얻는 것(得)을 뜻한다.

통하는 문호이고, 아미타불 사십팔원은 원마다 모두 대승의리문大乘義利門입니다. 법장보살이 발원한 것은 공허한 원이 아니라 원마다 모두 오겁의 수행을 거쳐서 실행한 것으로, 원마다 모두 실행가능합니다.

[제17장엄 일체소구만족一切所求滿足공덕성취]

구함이 있으면 응함이 있는 원만한 세계

이 17번째 장엄은 실제로 너무나 수승합니다! 이는 전부 의보依報를 말합니다. 의보는 물질상의 수요에 편중되어 있습니다. 수요하는 것은 만족하지 않는 것이 하나도 없습니다. 완전히 변화하여 만들어진 것으로 사람이 설계한 것도 없고, 사람이 그곳에서 제조한 것도 없습니다. 원하는 것은 무엇이든 눈앞에 펼쳐지고, 원하지 않으면 사라집니다. 필요 없으면 치우고 필요하지 않으면 저장해 두니 얼마나 자재합니까! 서방세계에는 추호도 노심초사할 일이 없습니다. 이는 우리에게 이 세계는 가지 않을 수 없다는 점을 가르칩니다.

《왕생론》에서 원생게에서 잘 말씀하시길,

중생이 원하고 좋아하는 것,
일체를 만족시킬 수 있습니다.

衆生所願樂 一切能滿足。

부처님께서는 인지因地에서 수많은 국토의 중생이 원이 있어도 만족할 수 없음을 보고, 자비심을 일으켜 국토 가운데 인민들이 모두 원하는 대로 만족시키겠다고 발원하였습니다. 서방극락세계에 태어나면 일체 원하는 것을 만족시킵니다. 모든 것에 만족할 수 있습니다. 왜냐하면 시방 일체제불찰토의 복덕과 지혜가 구경원만한 도량이기 때문입니다. 여기에 태어나면 일체 복덕과 지혜가 전부 원만하여 우리와 인연 있는 중생을 모두 제도할 수 있으니, 이럴 수 있습니까! 이러한 공덕은 무량무변하여 다함이 없고 수없이 많으니, 진정으로 불가사의합니다.

시방세계의 중생에게는 모두 아무리 구하려 해도 얻을 수 없는 괴로움이 있습니다. 왜 얻을 수 없냐 하면 업장이 있기 때문입니다. 우리가 구하는 바를 원하는대로 만족시킬 수 없는 것은 업장이 있기 때문입니다. 업장을 제거하여야 우리가 구하는 바를 원하는대로 만족시킵니다. 그래서 참회하여 업장을 제거함이 구하는 바에 반드시 감응을 얻는 선결조건의 하나입니다. 반드시 참회하여 업장을 제거해야 합니다. 과거 생에 지은 업장은 이미 끝나 어찌할 도리가 없습니다. 오늘 명백히 알고 깨달아서 지금 이후로는 더 이상 업장을 짓지 말아야 합니다. 반드시 끈기 있게, 선한 마음과 진성심으로 물러남이 없이 수학해야 하고, 정말로 참회하여 불보살의 가지加持를 구하여야 우리의 선한 마음, 선한 발원이 현전할 수 있습니다.

사실상 우리는 이 세상에서 업장을 없애고 싶지만, 너무나 어렵습니다! 이번 일생에 좀 더 잘 닦고, 이번 세상에 다시 태어나 내생에 다시 사람 몸을 얻을지라도 이번 생에 수행한 것을 모두 깨끗이 잊어버리고 내생에 또 거듭 머리를 내밀어야 합니다. 만약 선지식을 만나지 못하여 잘못 나쁜 길로 들어가면 큰일입니다. 그래서 담란스님은 여기서 우리에게 오직 정토에 태어나길 구함이 있어 아미타부처님 본원 위신력의 가지를 얻으면 업장은 빨리 사라질 것이라 했습니다.

왜냐하면 아미타부처님의 원력과 복덕력이 증상연增上緣이 되어 극락세계에 태어나면 일체 모두 여의자재如意自在합니다. 수명이 무량수를 달성하여 자신의 심원心願에 따라 정토에 오래 머물기를 원하면 오래 머뭅니다. 정토의 수명을 버리고 시방세계에 태어나 중생에 제도하며, 또한 세상에 오래 머물고 싶으면 모두 마음이 원하는 대로입니다. 게다가 정토에서 무엇을 수용하고 싶으면 마음속으로 생각한 바대로 저절로 현전합니다. 어떤 법문을 들길 원하면 물소리, 빗소리, 방울소리에서 어떤 법문이든 말합니다. 누각 안에서는 시방세계 어떤 국토이든 보기를 원하면 모두 저절로 현현합니다.

혹은 타방세계 무량한 불찰토에 가서 제불보살에게 공양하길 원하면 일념의 짧은 순간에 시방세계를 두루 다닐 수 있고, 어떤 공양구이든 모두 뜻하는 대로 화현합니다. 이는 범부가 꿈을 꾸어도 생각할 수 없는 것입니다. 이렇게 왕생하면 부처님의 자재력에 의지해 일체 구하는 바에 대해 모두 자재하게 만족합니다. 그래서 지극히 수승합니다! 영원히 장애와 어려움을 여의고 각자 구하는 바를 의향대로 만족시키고, 빨리 성취하여 구경원만한 보리를 증득하게 합니다.

앞에서 말한 17가지 장엄으로 서방극락생활 환경을 원만하게 설명하였습니다. 이들 장엄은 아름다울 뿐만 아니라 진정으로 원만하여 추호의 결함도 없습니다. 이 17가지 장엄은 모두 타방세계에는 없는 것입니다. 이는 기세간청정장엄器世間淸淨莊嚴을 말하였습니다. 이러한 연고로 천친보살께서 말씀하시길,

이런 까닭에 저 아미타부처님 국토에
태어나길 원하옵니다.

是故願生彼 阿彌陀佛國

이 두 마디는 17가지 국토장엄의 총결總結입니다. 아미타부처님의 불국토는 우리가 왕생하길 빌원할 반합니다.

천친보살께서 우리를 위해 극락국토의 공덕장엄을 소개하신

목적은 우리의 신심信心과 원심願心을 증장시켜서 이번 생에 반드시 국토에 태어나길 구하겠다고 발원하게 하는 것입니다. 진실로 믿으면 진실로 행해야 합니다. 행行은 바로 염불입니다. 바로 믿음과 발원으로 명호를 집지하면 현전에서 아미타부처님 본원 위신력의 가지加持를 얻을 수 있습니다.

중생세간청정衆生世間淸淨

[제2대과] 극락세계의 인사환경

앞쪽의 단락(제1 대과)에서는 우리에게 극락세계의 「기세간청정器世間清淨」, 즉 17가지 장엄국토성취를 관찰하라고 가르쳤습니다. 이러한 생활환경은 실재로 너무나 수승하고 아름답습니다.

이번 단락에서는 우리에게 「중생세간청정衆生世間清淨」을 관찰하라고 가르칩니다. 이것은 바로 인사환경입니다.

「중생衆生」. 소승의 교의에 따르면 육도윤회 안에서 생사가 끊어짐이 없이 거듭 태어나고 죽는 현상을 중생이라 합니다. 곧 온갖 수많은 생사윤회를 말합니다. 대승의 교의에 따르면 중생은 온갖 인연이 화합하여 일어나는 현상으로 이미 온갖 인연이 화합하여 일어나는 현상인 이상 결코 생멸이 없습니다. 이른바 생生은 인연이 모여서 나타난 현상입니다. 이러한 상을 우리는 생이라고 하고, 멸할 때는 인연이 흩어집니다. 인연이 모이고 연이 흩어짐(緣聚緣散)은 실제로 여기에서는 확실히 생멸을 찾을 수 없습니다. 그래서 이는 바로 생함도 없고 멸함도 없습니다. 생함도 없고 멸함도 없음은 바로 온갖 인연이 화합함을 말합니다. 정토는 대승법문입니다. 그래서 「중생衆生」에 대해서 대승의 교의를 사용하여 천양하고 설명해야 합니다.

서방극락세계는 학교이자 도량으로 보통세계가 아닙니다. 극락세계에는 국왕도 없고, 사농공상 갖가지 직업도 없습니다.

극락세계는 대단히 특수하여 스승과 학생 두 종류의 사람만 있습니다. 그래서 중생세간 청정은 관하면 두 부류로 나뉩니다. 첫째는 아미타여래장엄공덕을 관찰하고, 둘째는 저 보살장엄공덕을 관찰합니다.

우리가 일생동안 진실로 성취하고 싶다면 관건은 선지식에 달려있습니다. 만약 선지식을 만나고, 진정한 선지식과 가까이 지낼 수 있다면 우리의 증상연增上緣이 갖추어집니다. 이 관계는 매우 중요합니다. 서방극락세계에서는 아미타부처님이 우리의 증상연입니다. 그래서 우리는 스승에 대해 제대로 알지 않으면 안 되고, 깨달아 이해하지 않으면 안 됩니다. 천친보살께서는 모두 8가지 상황을 설명하며 아미타부처님을 소개하십니다.

불佛장엄공덕성취

[제1소과] 극락세계의 도사

아미타부처님께서는 무량한 상相이 있고, 상에는 무량한 호好가 있습니다. 천친보살께서는 8가지로 귀납하셨으니, 좌장엄座莊嚴이 첫째요, 신장엄身莊嚴이 둘째요, 구장엄口莊嚴이 셋째요, 심장엄心莊嚴이 넷째요, 중장엄衆莊嚴이 다섯째요, 상수장엄上首莊嚴이 여섯째요, 주장엄主莊嚴이 일곱째요, 불허작주지장엄不虛作住持莊嚴이 여덟째입니다.

[제1장엄 좌座공덕성취]

묘용이 무궁한 연꽃 보배좌대

우리가 아미타부처님의 공덕장엄을 관찰할 때 첫째 대상은 「장엄좌공덕성취莊嚴座功德成就」입니다. 여기서 「좌座」는 부처님의 보좌寶座를 가리킵니다. 왜 의보依報장엄에서 나열하지 않고 정보正報상에서 나열하는가? 하면 이 보좌는 아미타부처님의 원력이 변하여 나타난 것으로 이 보좌는 바로 아미타부처님의 화신이기 때문입니다. 즉 진정한 불상의 대臺나 좌座가 아니라 아미타불의 화신입니다. 이 보좌는 갖가지 공덕묘용功德妙用이 있어 광명을 놓을 수 있고 광명 가운데 화불化佛께서 또한 일체중생을 위해 설법하시니, 보좌의 묘용이 무궁함을 알 수 있습니다.

부처님께서 인지因地에서 왜 장엄좌원莊嚴座願을 발원하셨는가? 하면 《왕생론주》에서 말씀하시길, "어떤 보살을 보니, 말후의 몸으로 풀을 깔고 자리에 앉아 아뇩다라삼먁삼보리를 이루었지만 인천이 보고 증상의 믿음, 증상의 공경, 증상의 애락, 증상의 수행을 일으키지 못했다(見有菩薩 於末後身敷草而坐 成阿耨多羅三藐三菩提。人天見者 不生增上信 增上恭敬 增上愛樂 增上修行)." 하셨습니다. 이

말은 진실로 조금도 틀리지 않습니다,

예컨대 본사 석가모니부처님께서는 보리수 아래에서 성불을 시현하셨는데 어떤 좌대에 앉으셨냐 하면 풀을 깐 좌대였습니다. 그러나 범부가 이런 상을 보면 존중심을 일으키기가 매우 어려울 것입니다. 그래서 성불하였을지라도 세간 사람은 그를 알아보지 못하고 공경하지도 않았으며 아무도 거들떠보지 않았습니다. 부처님께서 성불을 시현하신 후 설법을 청한 사람이 없었다면 그 즉시 반열반般涅槃에 드셨을 것입니다. 다행히 사선천四禪天중 오불환천五不還天의 정거천인淨居天人이 석가모니부처님께서 성불을 시현하심을 보고 서둘러 내려와 설법을 청하였습니다. 그래서 석가모니부처님께서 입멸入滅에 들지 않으셨습니다. 법장보살은 이러한 상황을 보고서 비로소 성불할 적에 무량한 대보배왕으로 합하여 이루어진 미묘청정한 화대花臺를 부처님의 법좌(佛座)로 삼겠다고 발원하였습니다.22)

《왕생론》 원생게에서 말씀하시길,

무량한 대보배왕의
미묘 청정한 연화대를 법좌로 삼습니다.

無量大寶王 微妙淨華臺。

---

22) 이와 같은 미묘한 연화대는 본래 법장 비구가 세운 원력으로 이루어진 것이니라. _정토오경일론 관무량수경(비움과 소통)

「보왕寶王」이란 무엇이냐? 하면 온갖 보배 가운데 가장 수승한 것을 보왕이라 부릅니다. 부처님의 보좌는 무량한 진귀한 보배로 성취한 것일 뿐만 아니라 이 보좌에는 미묘 청정한 꽃으로 장식되어 있습니다. 이것이 부처님의 법좌입니다. 부처님의 신상은 크기 때문에 법좌도 큽니다. 부처님의 법좌를 관찰한 후에 이러한 보좌에 앉아 있는 사람이 얼마나 존귀한지 알 수 있습니다. 그 법좌의 장엄을 보면 이 보좌에 앉아 있는 사람이 어떤 신분인지 생각하고 그에게 신심 · 공경심 · 경애의 마음을 일으킬 것입니다.

부처님의 보배좌대는 연화좌蓮花座인데, 《왕생론주》에서도 《관무량수경》에서 설하신 것을 인용하여 이를 연화좌라 묘사하고 있습니다. 극락정토는 금, 은 등 칠보로 합하여 이루어진 보배 땅 위에 지극히 높고 넓은 진귀한 보배의 연화왕 법좌가 있습니다. 극락세계에는 무량무수한 연화좌가 있는데, 그 가운데 가장 수승한 것인 연화보좌입니다. 이를 「대보연화왕좌大寶蓮花王座」라 합니다. 이 한송이 연꽃에는 무수한 꽃잎이 있는데, "그 꽃잎 하나하나는 백 가지 보배 빛깔(百寶色)을 띠고 있고 8만 4천 줄기의 잎맥이 있는데, 마치 천상의 그림같이 아름답습니다. 잎맥 줄기 하나하나에는 또한 8만 4천의 광명이 있고, 잎과 잎 사이에는 백억의 마니보왕으로 장식되어 있습니다. 꽃잎은 작은 것도 가로 세로 2백 5십 유순이고, 이러한 연꽃이

8만4천 잎이 있습니다. 잎 위쪽의 잎맥 줄기 하나하나는 모두 광명을 놓고 광명 가운데 무량무변한 변화가 있습니다. 꽃잎 사이의 마니주는 각각 천 갈래 광명을 놓는데 그 광명은 보배 덮개 같아서 지면 위를 두루 덮고 있습니다."[23]

꽃에는 좌대가 있는데 이 좌대는 여의보로 이루어져 있어 부처님께서 연화대 위에 앉아 계십니다. 꽃은 보배 꽃이고 좌대도 당연히 보배 좌대입니다. 연화대에는 무수한 진귀한 보배가 둘러싸며 장식하고 있고, 당연히 이 진귀한 보배도 모두 광명을 놓고 있습니다. 꽃잎도 광명을 놓고 꽃잎 하나하나 장식된 수많은 진귀한 보배도 광명을 놓습니다. 이 연화대는 저절로 네 기둥에 지극히 높고 넓은 보배 당간(幢)이 있고, 기둥의 보배 당간 하나하나 백천만 억 수미산만큼 높고 넓습니다. 보배 당간에는 보배 장막(幔)이 걸쳐져 있고 마치 야마천궁의 보배 장막 같습니다. 보배 장막에는 또 5백억 미묘한 보배 구슬이 장식을 하고 있고 보배 구슬 하나하나는 8만4천 갈래의 광명이 있으며 광명 하나하나는 8만4천 가지 다른 금빛깔로 변하고 금빛깔 하나하나는 극락세계 곳곳마다 두루 가득할 뿐만 아니라 곳곳에서 변화합니다. 전부 미묘한 부처님 경계이자 사사무애事事無礙한 경계입니다.

이 얼마나 불가사의한 공덕묘용입니까! 이는 전부 여래지혜가

23) 《관무량수경》 제7 좌관坐觀 : 연꽃 보배좌대를 관하다

나타난 것입니다. 이는 그 가운데 몇 항만 들었고 이런 부류의 장엄하는 일은 백 천 만 억 등으로 계산할 수 없습니다. 그래서 수량을 뛰어넘고 헤아릴 수 없습니다.

「무량대보왕無量大寶王」은 생겨남이 다함이 없음이고, 「미묘청화대微妙淨華臺」는 청정하여 물들지 않음으로 이러한 공덕이 성취됩니다. 이러한 원인을 상술하고서 천친보살께서는 비로소 여래보좌의 공덕불가사의는 무량대보왕의 미묘하고 청정한 연화대를 법좌로 삼는다고 말씀하십니다. 이 연화대는 진실로 사유하고 토의하기 어렵습니다!

[제2장엄 신업身業공덕성취]

일체중생을 뛰어넘는 상호광명

서방극락세계 교주의 신상身相은 견줄 수 없이 미묘하고 몸의 체질은 금강불괴신金剛不壞身입니다. 부처님께서는 경전에서 아미타부처님은 자마진금 빛깔의 몸이고 몸에는 무량한 상相이 있고 상에는 무량한 호好가 있다 말씀하셨습니다. 서방극락세계에 태어나면 우리의 상호는 아미타부처님과 같고 부처님과 비슷한 몸을 얻으니, 이는 불가사의합니다. 부처님께서는 인지因地에서 제불께서 하열한 응신應身을 시현함을 보고서 성불할 때 신상이 일체제불을 뛰어넘게 하겠다고 발원하셨습니다. 부처를 이루신 후 정말 갖가지로 제불을 뛰어넘으니 그 원은 헛된 원이 없고 전부 실행되었습니다.

《왕생론》 원생게에서 말씀하시길,

상호 신광은 일심의 거리만큼 비추고,
색신 형상은 일체 중생을 뛰어넘습니다.

相好光一尋 色像超群生故。

「상호相好」는 용모장엄으로 왜 용모장엄인가? 하면 부처님의 신상장엄은 대중이 보면 저절로 환희심이 생기고 그와 가깝게 지내길 좋아하며, 그의 설법과 가르침을 듣길 좋아합니다.

보살이 성불을 시현하기 전에 1백 겁의 시간에 걸쳐 상호를 닦아야 바로 32상과 80종호입니다. 부처는 매우 많은 종류가 있습니다. 천태종에서는 장교불藏教佛·통교불通教佛·별교불別教佛·원교불圓教佛 네 가지 부처를 말합니다. 앞 세 가지 부처는 모두 구경원만하지 않으므로 성불을 시현하려면 상호신을 닦아야 합니다. 원교는 대원만으로 명심견성明心見性하여 성덕性德이 완전히 저절로 흘러나오고 자성공덕에서 생겨나는 것입니다. 그래서 특별히 상호를 닦을 필요가 없습니다. 자성공덕에서 생겨나는 신상은 큽니다. 32상이 아니라 《관무량수경》에서 설한 것처럼 **"무량수불께서는 8만 4천의 상이 있고, 하나하나의 상 가운데 각각 8만 4천의 수형호隨形好가 있으며, 하나하나의 수형호 가운데 또한 8만 4천의 광명이 있으며, 하나하나의 광명이 시방세계를 두루 비추어 염불 중생들을 섭취하여 버리지 않느니라."** 이는 불가사의합니다! 이것이 바로 부처님의 신업身業공덕 성취입니다.

「상호심광일심相好光一尋」

여기서 「광光」은 방광放光을 가리키지 않고 아미타부처님의 몸에서 나는 상광常光을 말합니다. 「일심一尋」, 중국고대에서 여섯 자(尺)를 일심이라 불렀습니다. 이와 달리 두 팔을 펼쳤을 때 길이를 일심이라 하는데 여기서 이 뜻을 취할 것입니다. 《관경》에서는 "아미타부처님의 키는 60만억 나유타 항하사 유순이니라." 하셨습니다. 실제로 신상의 크기는 자尺나 치寸로 논하지 못합니다. 그래서 부처님의 몸에서 나는 원광圓光의 직경은 부처님의 두 팔을 펼친 길이로 당연히 60만억 나유사 항하사 유순으로 실제로 이는 범부가 현량할 수 있는 경계가 아닙니다.

「색상초군생色像超群生」

제불께서는 아미타부처님은 「광명 중에 지극히 존귀하며, 부처님 중의 왕(光中極尊 佛中之王)」이라 찬탄하십니다. 아미타부처님의 신상장엄은 일체중생을 뛰어넘을 뿐만 아니라 제불여래를 뛰어넘습니다.

《왕생론주》에서는 "관무량수경에 말씀하시길, **제불여래께서는 법계의 몸으로 일체 중생의 심상 가운데 들어와 계시느니라**(觀無量壽經言 諸佛如來是法界身 入一切衆生心想中) 하셨다." 제불여래께서는 모두 이미 원만한 청정법신을 증득하셨습니다. 여기서 법은 법계입니다. 진허공·변법계가 바로 그의 몸이자 그의 정토이니, 몸과 정토는 둘이 아닙니다. 「중생의 심상 가운데 들어와 계시느니라」, **중생이 부처님을 생각하면 부처님께서 몸을 나타**

내 보이십니다. 청정심으로써 부처님을 생각하면 부처님께서 보신報身을 나타내 보이시고, 잡염심雜染心으로써 부처님을 생각하면 부처님께서 응화신應化身[24]으로 나타내 보이십니다. 부처님께서 어디에 계시냐? 하면 계시지 않은 곳이 없습니다. 여래의 상호신은 오직 중생의 심상으로 말미암아 나타날 뿐, 다른 인연으로 말미암지 않습니다. 그래서 단지 중생의 심상 가운데 행할 뿐입니다.

《왕생론주》에서 또 말씀하시길, "그러므로 그대들이 마음으로 부처님을 생각할 때 이 마음이 곧 32상과 80수형호를 다 갖춘 부처님이니, 이 마음 그대로 부처가 되고 이 마음 그대로 부처이니라(是故汝等心想佛時 是心即是三十二相八十隨形好 是心作佛 是心是佛)." 하셨습니다. 이 말씀은 이理로 곧 경전에서 말씀하신 「일체법은 심상에서 생긴다(一切法從心想生)」입니다. 마음으로 부처를 생각할 때 우리의 마음은 이때 32상 80수형호를 이룹니다. 「이 마음 그대로 부처가 되고 이 마음 그대로 부처이니라(是心作佛 是心是佛)」 시심작불是心作佛은 사事로 수덕修德입니다. 시심시불是心是佛은 이理로 성덕性德입니다.

이 마음으로 어떻게 부처가 되는가? 하면 부처를 염하면 부처가 됩니다. 보살을 염하면 보살이 되고, 오계五戒・십선十善을

24) 본지신(本地身)이 중생을 구제하기 위해 그 중생의 능력에 알맞은 몸으로 나타나서 설법하고 교화하는 부처.

염하면 사람이 되고 천상에 태어납니다. 탐진치·오만을 염하면 삼악도가 되니, 성내고 원망하는 마음이 중하면 지옥에 떨어지고, 탐심이 중하면 아귀가 되며, 어리석음이 중하면 축생이 됩니다. 그래서 모두 스스로 업인을 짓고, 스스로 과보를 받습니다(自作自受). 세간·출세간 일체법이 모두 자작자수自作自受입니다. 「시심시불是心是佛」은 부처님 몸을 관상觀想함에 의지하면 자심에서 부처님의 몸이 현현하니 마음 바깥에 부처가 없다는 말입니다.

《왕생론주》에서 또한 말씀하시길, "제불 정변지의 바다는 (중생의) 심상으로부터 생기느니라(諸佛正遍知海 從心想生)." 하셨습니다. 이는 최고의 것은 「정변지正遍知」, 바로 무상정등정각(無上正等正覺)을 말합니다. 지혜가 큰 것을 바다에 비유하였습니다. 제불의 무량무변한 지혜는 어디에서 유래하느냐 하면 심상에서 생깁니다. 어떤 생각인가? 하면 부처님 생각입니다. 부처님을 생각하면 성불합니다.

서방극락세계에는 삼계육도三界六道도 없고, 십법계十法界도 없습니다. 왜냐하면 서방극락세계에 태어난 중생은 단시 하나의 생각뿐이기 때문입니다. 즉 모두 아미타부처님만 생각하고 다른 잡념은 없습니다. 이러한 염불 정념淨念을 뒤섞지 않고, 의심하지 않으며, 중단하지 않습니다. 그래서 그 세계는 바로 일진법계一眞法界입니다. 우리 범부의 심상은 너무나 뒤섞여 있고 혼란합니다. 그래서 삼계육도의 현상으로 나타난 신상身相도 좋지 않고, 부처님 몸처럼 그렇게 청정장엄하지 않습니다.

이로 말미암아 우리의 심상과 관련이 매우 큼을 알 수 있습니다. 심상이 선하면 선한 법계가 나타나고, 심상이 악하면 악한 법계가 나타납니다. 육도에는 삼선도三善道와 삼악도三惡道가 있는데, 어디서 유래하는가? 하면 우리의 심상에서 생긴 것입니다. 일체 선악을 여의어 이 마음이 청정하여, 청정심이 감득한 것이 바로 청정법계이자 정토입니다. 즉 이른바 "마음이 청정하면 국토가 청정합니다(心淨則土淨)." 그래서 마음을 일으키고 생각을 움직임이 관련되어 있음이 실로 너무나 큽니다!

우리가 금생과 후세에 모두 선한 과보를 누릴 수 있길 간절히 생각한다면 어떻게 얻을 수 있을까요? 선한 업인을 닦아야 선한 과보를 얻을 수 있습니다. 무엇이 선한 인인가 하면 선한 생각·언어·행위를 지으면 선한 과보를 얻습니다. 우리가 현전에서 희구希求해야 하는 것은 일체 선법 가운데 제일선법인 서방정토에 태어나길 구하는 것입니다. 이는 견줄 수 없는 선법입니다. **어떻게 해야 이 대선大善을 닦는가? 하면 이 법문을 최선을 다해 다른 사람에게 소개하고 추천하며 공양해주는 것입니다. 만약 어떤 사람이 받아들일 수 있다면 온힘을 다해 그를 돕고 그를 성취시켜야 합니다.** 이것이 제일 대선大善을 닦는 것입니다.

세존께서는 우리를 위해 극락세계를 소개하고 아미타부처님을 소개하며 극락세계의 보살들을 소개하시면서 세간 사람에게 수순하라고 수없이 많은 말씀을 하셨습니다. 왜냐하면 이렇게 해야 우리가 알 수 있기 때문입니다. 경전에서 부처님의 신상에 32상 80종호가 있다고 말씀하신 것이 항상 중생에 수순하라고 말씀하신 것과 같습니다. 《관무량수경》에서 우리를 위해 진실한 말씀을 하셨습니다. 부처님의 신상장엄은 우리가 상상할 수 없는 것입니다. 그래서 **관경 16관에서 15가지를 관상할 수 없으면 어떻게 해야 합니까? 마지막 제16관인 지명염불持名念佛, 즉 부처님 명호를 집지하여 염불하면 됩니다. 관상觀想할 필요도 없고, 참구參究할 필요도 없으며, 「아미타불」 한마디 부처님 명호를 착실히 염하십시오.** 이 방법은 매우 좋아서 행할 수 있습니다.

범부에게 성불하는 지름길이 확실히 있습니다. 정토종이 바로 지름길입니다. 그것은 쉬울 뿐만 아니라 매우 빠릅니다. 경전에서 말씀하신 것과 같이 하루 이틀 내지 이레이면 성공할 수 있지만, 문제는 자신이 믿느냐 믿지 않느냐 입니다. 만약 진실로 믿으면 반드시 12시간 중에 마음을 일으키고 생각을 움직이는 동안 모두 다른 생각을 하지 말고 부처님을 생각해야 성공할 수 있습니다. 한마디 아미타불 부처님명호를 염하는 것은 부처님을 생각하는 것입니다.

오직 성불하여야 진정으로 괴로움을 여의고 즐거움을 얻을 수 있습니다. 그래서 반드시 성불하겠다고 발심해야 합니다. 제불여래께서 어떤 방법으로 우리가 이러한 발원과 소망을 도달할 수 있도록 돕는가? 하면 우리에게 염불하고 가르치셨습니다. 특히 아미타불을 염하라 가르치셨습니다. **아미타불은 일체제불 여래의 총대표이기 때문에 아미타불을 염하면 일체제불을 염하는 것입니다. 그래서 염불을 하면 부처님의 명호, 부처님의 형상이 일체 중생의 심상 가운데 들어가 계십니다.**

[제3장엄 구업口業공덕성취]

시방세계에 두루 들리는 만덕홍명萬德洪名

부처님의 음성은 일체중생을 위해 설법하여 일체중생이 미혹을 깨뜨리고 개오開悟하도록 돕습니다. 그 법음이 시방세계에 두루 가득한 것이 바로 「장엄구업공덕성취莊嚴口業功德成就」입니다. 사바세계의 중생에 대해 말하면 우리의 육근은 이근이 가장 예리하고 들음을 사용하는 것이 비교적 개오하기 쉽습니다. 그래서 석가모니부처님께서는 그 당시 설법하실 때 문자를 쓰지 않고 음성을 가르침의 바탕으로 삼았습니다. 아미타부처님께서는 중생을 극락세계로 접인하시고, 또한 경전을 강설하여 교학하는 방법으로 중생의 소원을 원만히 성취시키십니다. 이는 부처님께서 중생이 성불하도록 돕는데 가장 중요한 것은 언어로 가르쳐 인도하는 것이라고 설명합니다.

아미타부처님께서 인지因地에서 어떤 부처님의 명호가 단지 범천梵天에만 전해짐을 보고서 자신이 성불하여 얻은 명호는 시방세계에 멀리 퍼지도록 하겠다고 발원하셨습니다. 또한 어떤 부처님의 명호는 사람에게 존중을 받지 못함을 보고서 만덕홍명

萬德洪名[25]을 성취하여 중생으로 하여금 명호를 듣고서 모두 무생법인無生法忍의 수승한 공덕을 얻을 수 있게 하겠다고 발원하였습니다.

《왕생론》 원생게에서 말씀하시길,

아미타여래의 미묘한 음성,
청정한 음성은 시방 일체국토에 두루 들립니다.

如來微妙聲 梵響聞十方。

「여래미묘성如來微妙聲」

부처님의 음성은 미묘하고 진허공·변법계에 가깝거나 멀거나 음성이 두루 들려서 역력히 분명하여 귓가에 있는 듯합니다. 부처님의 음성은 가깝거나 멀거나 성량이 같아서 진허공·변법계에 그의 성량이 모두 균등하니, 이는 매우 미묘합니다. 부처님의 음성은 부드럽게 잘 들릴 뿐만 아니라 또한 사람에 따라 법을 듣고 근기에 따라 각각 다르게 들립니다. 그래서 이른바 "부처님께서는 한 음성으로 설법하여 중생 부류에 따라 각각 이해를 하게 하신다(佛以一音而說法 衆生隨類各得解)."[26] 중생은 부처

25) "「아미타불」은 이 명호에 만덕이 갖추어져 있는 까닭에 만덕홍명萬德洪名이다. 이 명호로써 부처님의 덕을 불러옴에 모든 공덕이 남김없이 죄다 따라온다." _《불설아미타경요해》(비움과소통)

26) "세존께서는 능히 한 언어로 연설하시어 유정들 각각 부류 따라 이해하게

님께서 설법하실 때 음성을 듣고 자신의 근기와 의요(意樂; 목적을 향해 나아가려는 마음)에 따라 상응하는 언어와 법의法義를 들을 뿐만 아니라 모두 마음이 열려 뜻을 이해하고 번뇌와 습기가 점차 사라집니다.

미묘한 음성은 어디서 유래할까요? 미묘한 음성은 자성이 본래 갖추고 있는 덕상德相으로 《화엄경》에서 말씀하시길, "일체중생에게는 빠짐없이 여래의 지혜덕상이 있느니라(一切衆生皆有如來智慧德相)." 하셨는데, 왜 우리는 지혜덕상을 전부 상실하였는가? "단 망상 · 분별 · 집착으로써 증득할 수 없느니라(但以妄想執著而不能證得)."하셨습니다. 그래서 우리는 망상 · 분별 · 집착을 내려놓고 깔끔히 버려야 우리의 지혜 · 능력을 회복할 수 있습니다.

어떻게 해야 우리의 미묘한 음성을 회복하겠는가? 하면 가장 먼저 네 가지 과실을 여의어야 합니다. 《십선업도경十善業道經》에서 말씀하시길, "거짓말을 하지 말며, 이간질 하는 말을 하지 말며, 꾸미는 말을 하지 말며, 험한 말을 하지 말지라." 하셨습니다. 첫째 거짓말을 하지 않음(不妄語)으로 결코 다른 사람을 속이지 말고 언어가 성실해야 합니다. 둘째 이간질 하는 말을 하지 않음(不兩舌)으로 절대 시비를 걸지 말고 남의 장단점을 말하지

하고(世尊能演一音聲 有情各各隨類解)." _《불설대승무량수장엄청정평등각경》, 4품 법장보살께서 발심수학한 인연

말아야 합니다. 셋째 꾸미는 말을 하지 않음(不綺語)으로써 감언이설을 하지 말아야 합니다. 넷째 험한 말을 하지 않음(不惡口)으로써 부드럽게 말하고 거칠지 말아야 합니다. 이 네 가지 실언을 멀리 여의면 미묘한 소리와 광장설상(廣長舌相; 참되고 실다운 말)을 얻을 수 있습니다.

「범향문시방梵響聞十方」

「범梵」은 청정이고, 「향響」은 음성입니다. 이는 부처님의 청정한 법음이 일체중생으로 하여금 미혹을 깨뜨리고 개오開悟하도록 도울 수 있을 뿐만 아니라 법음이 허공법계에 두루 가득함을 가리킵니다. 왜 일까요? 현수국사賢首國師의 《환원관還源觀》에서 그의 이론근거는 법성法性이 일체一體[27]입니다. 일체 현상은 모두 법성이 변하여 나타난 것입니다. 그래서 법상法相 속 현상은 지극히 미세한 진동으로 전체 법성이 완전히 명료합니다.

아미타부처님의 법음은 도달할 수 없는 곳이 없어 시방세계 중생은 모두 들을 수 있습니다. 우리가 들을 수 없는 이유를 실제로 말하면 부처님의 음파가 여기에 도달하지 않는 것이 아니라 자기자신에게 장애가 있기 때문입니다. 마음이 청정하지

---

27) 「일체一體」는 근거, 바탕(依據)입니다. 일체 제불여래께서는 무엇에 의지해 경전을 강설하고 설법하는가 하면 바로 일체에 의지합니다. 중생은 미혹한데 어디서 미혹한가 하면 일체를 모르기 때문입니다. 이 일체는 우주가 일체이고 만물이 일체이며(법성이 일체입니다). _『수화엄오지망진환원관修華嚴奧旨妄盡還源觀』 정공 큰스님

않아서 불법을 들을 수 없습니다. 그래서 우리는 응당 부끄럽고 두려워하는 마음(慚愧心)을 내어야 하고 진지하게 힘써 수학하여야 합니다. 무엇을 닦느냐 하면 업장을 제거할 뿐입니다. 업장을 제거하면 마음이 청정하고, 발원이 청정하며, 믿음이 청정하면 우리의 본성 속 원만한 덕능德能이 저절로 현현합니다. 아미타부처님께서는 극락세계에서 경전을 강설하고 설법하며 계십니다. 우리는 이곳에 앉아 또렷이 명백하게 들을 수 있습니다. 그래서 자신의 몸과 마음이 청정하여 가르침대로 수행하면 감응을 얻을 수 있습니다.

「여래미묘성如來微妙聲 범향문시방梵響聞十方」. 이 문구에는 또 다른 의미가 있습니다. 즉 아미타부처님 명호는 미묘하고 무량공덕을 갖추고 있어 명호를 수지하면 무생법인無生法忍을 얻고, 불퇴전不退轉을 얻을 수 있으며, 무량한 죄를 소멸시킬 수 있고 평등한 선근에 들어가 갖가지 불가사의한 공덕을 성취할 수 있습니다. 그래서 일체중생은 이 명호를 듣길 좋아하고 제불보살 중에서 전력을 다해 홍양하지 않는 분은 한 분도 없습니다. 그래서 아미타부처님 명호는 시방 일체국토에 두루 미칠 수 있습니다.

[제4장엄 심업心業공덕성취]

사대四大가 모두 공한 여래진심如來眞心

「장엄심업공덕성취莊嚴心業功德成就」, 모든 장엄 중에서 이는 가장 중요한 핵심입니다. 왜냐하면 세간 · 출세간의 일체법이 모두 마음으로 성취하는 것이기 때문입니다. 심업장엄에 앞 두 가지 장엄을 합하면 신身 · 구口 · 의意 삼업 공덕성취입니다.

《왕생론주》에서 말씀하시길, "범부중생은 신구의 삼업으로 죄를 지어 삼계를 윤회하니 벗어날 기약이 없다. 이런 까닭에 제불보살께서는 신구의 삼업을 장엄하여 헛되이 속이는(虛誑)28) 가운데 삼업을 짓는 중생을 다스리신다(凡夫衆生以身口意三業造罪輪轉三界 無有窮已。是故諸佛菩薩莊嚴身口意三業 用治衆生虛誑三業也)." 하셨습니다. 육도중생이 삼계를 윤회하는 까닭은 바로 신구의 삼업으로 죄를 짓기 때문입니다. 죄를 짓고 과보를 받습니다. 과보를

---

28) 부처님께서 경전에서 말씀하신 것처럼 헛되이 속이는 가운데 망념되게 상相을 취하니, 모든 행行은 망령되게 취하는 까닭에 허광虛誑이라 이름한다(如佛經所說虛誑妄取相 諸行妄取故 是名爲虛誑) (용수보살께서 답하시길) 헛되이 속이는 가운데 망령되게 취한 것이니, 이 가운데 무슨 취할 것이 있겠는가? 부처님께서는 이와 같은 일을 말씀하여 공의 뜻을 보이고자 하셨다(誑妄取者 是中何所取 佛說如是事 欲以示空義) _《중론中論》第13 관행품觀行品

받을 때 또한 죄를 지으니, 이에 인과가 순환하여 영원히 벗어날 때가 없습니다. 제불보살께서는 대자대비로 삼업을 장엄하여 우리에게 모범을 실천해 보이시고, 우리가 어떻게 해야 생사윤회를 벗어날 수 있는지 가르치고 인도하십니다.

《왕생론주》에서 또 말씀하시길, 부처님께서 인지因地 때에 어느 부처님께서 법에는 무수한 차별종류가 있을 뿐만 아니라 분별이 있는 것처럼 보인다고 말씀하시는 것을 보았습니다. 이에 부처님께서는 분별이 없는 가운데 일체중생을 평등하게 두루 제도하는 원을 일으키셨습니다.

《왕생론》 원생게에서 말씀하시길,

지수화풍 같아 모두 공하고,
허공 같아 분별이 없습니다.

同地水火風 虛空無分別。

이 두 문구는 의업意業입니다. 의意는 바로 마음입니다. 아미타 부처님의 마음은 어떤 마음일까요? 「지수화풍과 같습니다(同地水火風)」 이는 사대四大가 모두 공함을 말합니다. 부처님의 마음은 청정하여 먼지 한 알에도 물들지 않고 허공과 같아서 분별이 없습니다. 부처님의 마음은 진심眞心입니다. 진심은 생각을 여의어 망념이 없습니다. 무릇 생각이 있으면 그 마음은 진심이 아니고 망심입니다. 부처님의 마음은 청정하여 대지가 만물을 짊어지고 있는 것 같고, 물이 만물을 자라게 하는 것 같으며, 불이 만물을 성숙시키는 것 같고, 바람이 만물을 날리게 하는 것 같으며, 허공이 만물을 포용하는 것 같아서 현명하거나 미숙하거나, 사이가 가깝거나 멀거나 하는 분별 · 집착이 없습니다. 그래서 분별심 없음이 진심이고 분별심이 망심입니다. 진심 속에는 생각이 없고 망념이 없습니다. 진심이 현전하면 바로 청정심이자 평등심입니다.

서방정토는 왜 평등한 세계인가? 하면 그 속에 있는 중생은 분별 · 집착이 없기 때문입니다. 마음에 한 물건도 없으므로 평등합니다. 우리가 사는 이 세계는 왜 불평등한가? 하면 한 사람 한 사람마다 모두 망상 · 분별 · 집착이 있기 때문입니다. 비유컨대 청정한 못에 돌 하나를 떨어뜨리면 물결이 일어납니다. 다른 사람이 다른 돌을 던지면 일어나는 물결은 같지 않습니다. 이러한 비유로 중생의 마음이 일어나고 생각을 움직임은 본래 평등한 일진법계를 십법계로 바꾸고 무량무변한 법계로 바꾸어서 평등하지 않는 세계를 만듭니다. 그래서 일체법 속에서 분별 · 집착은 잘못된 것입니다.

우리는 망상 · 분별 · 집착을 끊어버리고 싶지만 끊지 못하는데, 어떻게 하면 좋겠습니까? 《무량수경》의 경전 제목에서 수학하는 표준을 우리에게 일러주십니다. 수학의 표준은 바로 청정 ·

평등 · 각입니다. 어떤 방법으로 수행하는가? 하면 착실히 염불하면 됩니다. 단지 착실히 염불하기만 하면 이러한 표준을 달성할 수 있습니다. 아미타불을 염하고 마음속에 아미타불 이외에 다른 생각을 제거하고 아무것도 없으면 성공합니다. 왜냐하면 아미타불은 진여자성의 명호로 이 한마디 부처님 명호를 염하면 마음은 선정에 들고 선정은 지혜를 낳습니다. 그래서 선정과 지혜가 상응하고 적정과 상응하면 심업心業이 장엄합니다.

[제5장엄 대중大衆공덕성취]

지혜의 바다에서 태어나는 불퇴보살

「장엄대중공덕성추莊嚴大衆功德成就」. 여기서 말하는 「대중」은 시방세계에서 극락세계에 왕생하는 중생입니다. 아미타부처님 본원 위신력의 가지를 받아 대중이 성취할 수 있도록 합니다. 그래서 대중을 이끄는 스승이신 여래를 관찰하는 이 단락의 경문에 열거하였습니다.

《왕생론》 원생게에서 말씀하시길,

천인은 모두 여여부동한 대중으로
청정 지혜의 바다에서 태어납니다.

天人不動衆 淸淨智海生。

부처님께서는 인지因地 때에 어떤 여래께서 설법하시는 회하會下에서 대중의 근성과 욕념欲念이 갖가지로 다르고, 부처님 지혜가 큰지 작은지, 깊은지 얕은지에 대해 각자 견해가 달라서 어떤 이는 중도에 그만 두고, 어떤 이는 완전히 퇴심退心하게 됩니다. 대중에는 좋은 사람과 나쁜 사람이 섞여 있어 순일

청정하지 않습니다. 이로 인해 법장보살이 그의 세계, 모든 천인이 다 여래 청정지혜의 바다 가운데 출생하길 발원하였습니다. 극락대중은 모두 여래의 지혜로부터 태어나서 순일청정하고 장엄을 구족합니다. 여기서 여래는 누구냐? 하면 바로 아미타부처님입니다.

「천인부동중天人不動衆」

「천인天人」은 총괄하여 서방극락세계의 대중을 가리킵니다. 왜냐하면 서방극락세계는 천상 중의 천상이므로 그곳의 사람은 총괄하여 천인이라 부릅니다. 이는 육도 가운데 천인을 가리키지 않는데, 극락세계에 왕생한 중생은 이미 보통보살이 아니라 모두 불퇴전不退轉 보살이기 때문입니다. 부처님께서 경전 상에서 어느 때는 선인이라 말하고 어느 때는 성문이라 말하지만, 실제로 극락세계에는 아라한도 없고 천인도 없습니다. 부처님께서 이런 말을 하신 것은 두 가지 뜻입니다.

첫 번째 뜻은 서방세계에서 실질적인 단증斷證공부 상에서 말한 것으로, 극락대중의 단증斷證공부는 타방세계나 다름없습니다. 예컨대 우리가 업을 지닌 채 왕생하여 서방극락세계에 태어나면 이미 아비발치阿鞞跋致보살입니다. 이는 자신이 닦은 것이 아니라 아미타부처님께서 가지加持하신 것입니다. 자신은 어떤 신분인가? 하면 육도 속 인도人道의 신분으로 번뇌를 일품도 끊지 못한 채 이렇게 왕생한 이로 타방세계의 천인이나 마찬가지입니다. 혹은 그곳에서 수행으로 견사번뇌見思煩惱를 끊어 타방세계의 성문, 즉 아라한이나 마찬가지입니다. 이는 단증斷證 상에서 말한 것입니다.

둘째 뜻은 아직 서방극락세계에 도달하지 못한 이전의 신분을 말합니다. 예컨대 인도人道에서 왕생한 이도 있고, 제천에서 왕생한 이도 있으며, 아라한이 소승을 돌려서 대승으로 향하고 염불하여 왕생을 구한 이도 있는데, 이를 그는 서방극락세계에 도달하기 이전의 신분이라 부릅니다. 그래서 구법계에서 말하면 극락세계는 오직 일법계만 있는데, 보살법계만 있고, 나머지 다른 법계는 없습니다.

「부동중不動衆」

서방극락세계의 대중은 마음이 모두 청정하여 일체 경계 · 인연 가운데 모두 마음을 일으키지도 생각을 움직이지도 않아 망상 · 분별 · 집착이 없습니다. 각각은 모두 여여부동如如不動하여 어떠한 경계에서도 마음이 움직이지 않습니다. 《왕생론주》에서 말씀하시길, "부동이라 함은 저 천인들이 대승근을 성취하여 기울어 움직이지 않음을 말한다(不動者 言彼天人成就大乘根 不可傾動也)." 이는 극락대중은 모두 위불퇴位不退 · 행불퇴行不退 · 염불퇴念不退의 삼불퇴三不退를 원만히 증득함을 말합니다. 그래서 서방극락세계에서는 단지 3, 4겁의 시간동안 수행하면 보리가 원만하여 성불하니, 이는 매우 불가사의합니다!

「청정지혜생清淨智海生」

이는 여래의 일체종지一切種智에서 태어나는 것입니다. 「청정」은 아미타부처님의 공덕을 성취함이고, 「지혜의 바다(智海)」는 아미타부처님의 지혜를 성취함입니다. 서방극락세계 속 일체 아름다운 수용受用은 모두 아미타부처님께서 무량겁에 닦아 축적한 공덕과 지혜가 가지한 것이고 또한 여래의 일체종지가 변하여 나타난 것입니다. 일체종지는 여래과지如來果地 상의 지혜입니다. 서방정토에 왕생한 사람은 여래의 지혜광명과 접촉하면 자성 속 일체종지가 점차로 나타납니다. 부처님께서는 불을 붙여 빛을 내는 양초 한 자루 같습니다. 우리는 불을 붙이지 않은 양초로 부처님의 빛으로 말미암아 불이 붙어 우리의 자성광명도 밝게 빛납니다. 그래서 번뇌를 끊기 매우 쉽고, 죄는 사라지고 업장은 제거됩니다. 이로 인해 그곳에 가면 성불하기가 쉽습니다.

《왕생론주》에서 정토의 모든 천인은 "모두 여래의 지혜와 청정 바다에서 태어난다(皆從如來智慧清淨海生)."고 말합니다. 서방정토는 아미타부처님의 원력으로 성취된 세계로 이 속의 일체 대중은 모두 시방세계에서 왕생한 이들로 요즘말로 이민을 간

이들입니다. 이민의 조건은 바로 마음이 청정해야 합니다. 마음이 청정하기만 하면 부처님께서 모두 받아주십니다. 이로 인해 그 세계는 평등한 세계로 바뀌고 한 사람 한 사람마다 모두 마음이 청정합니다. 서방극락세계에 도달하면 모두 아미타여래 본원의 가지加持를 입습니다. 그것이 모두 여래의 지혜 청정 바다에 태어남입니다.

극락세계에는 부처님의 광명이 두루 비추어 생활함에 스트레스가 없고, 물질생활이 원하는 대로 일체 변화하여 조성된 것으로 이는 자재합니다! 정신생활은 대중이 같이 잘 지내어 원가채주冤家債主가 없습니다. 한 사람 한 사람 마음바탕이 모두 청정하고, 지혜와 자비가 충만하여 화목하게 잘 지냅니다. 이러한 환경은 시방세계에서는 찾을 수 없습니다. 왜냐하면 이는 여래 지혜의 큰 바다 가운데 생겨나 대중이 견줄 수 없이 청정하기 때문입니다!

[제6장엄 상수上首공덕성취]

승묘함이 견줄 수 없는 부처님 중의 왕

부처님께서 인지因地 때에 보니, 여래회중 가운데 제바달다와 같은 부류가 있어 부처님께서 교주가 되자 시기심이 생겨서 폐불廢佛하고 싶어 하여 자신이 새로운 부처가 되었습니다. 또한 어떤 국왕이 부처님과 동일하게 세간을 통치하지만, 부처님을 우러러 받들 줄 모릅니다. 또한 어떤 국왕은 부처님께 공양을 청하고서 다른 일 때문에 이를 잊어버렸습니다. 이와 같은 류의 일들은 모두 상수(上首; 가장 높은 지위)의 힘을 성취하지 못합니다. 그래서 법장보살은 이로 인해 발원하시길, 장래에 부처가 될 적에 대중이 부처님과 동등해지겠다는 망상을 하는 이가 아무도 없고, 국토 중에 법왕이 유일하며 세간의 왕이 없게 하겠다고 발원하였습니다. 이것이 바로 「장엄상수공덕성취莊嚴上首功德成就」입니다. 여기서 「상수」는 아미타부처님 제자 중의 상수를 가리키는 것이 아니라 부처가 정토해회淨土海會의 상수가 되는 것입니다.

《왕생론》 원생게에서 말씀하시길,

(아미타부처님은) 수미산왕과 같아
그 수승하고 미묘함, 뛰어넘을 자 없습니다.

如須彌山王 勝妙無過者。

서방극락세계에서 상수는 바로 본사 아미타부처님입니다. 이 두 문구를 아래 「보살장엄공덕성취」에 두면 이 상수는 보살을 가리키니, 서방극락세계의 상수보살은 관세음보살 대세지보살입니다. 그러나 여기서 불장엄공덕성취에 두면 이 상수는 여래입니다. 이 두 문구는 아미타부처님을 찬탄하는 것입니다.

「여수미산왕如須彌山王」

수미산은 뭇 산 중에서 가장 높은 산입니다. 수미산으로 시방일체제불여래를 비유하고 아미타부처님은 일체제불여래 가운데 그는 특별히 훨씬 수승합니다. 그래서 「수미산왕」과 같습니다. 《무량수경》에서 석가모니부처님께서는 아미타부처님을 「광명 중에 지극히 존귀하며, 부처님 중의 왕(光中極尊 佛中之王)」이라 찬탄하십니다. 부처님 중의 왕이 바로 수미산왕입니다. 이 뜻은 완전히 같습니다.

「승묘무과자勝妙無過者」

이는 아미타부처님과 다른 제불과 비교한 것으로 아미타부처님의 수승 미묘함은 일체제불을 뛰어넘습니다. 원인은 어디에 있는가? 하면 아미타부처님께서는 일체중생이 일생 동안 원만히 성불하도록 돕습니다. 어떤 방법을 쓰는가? 하면 명호를 씁니다. 「아미타불」을 염하는 방법으로 사람마다 모두 염할 수 있습니다. 기꺼이 염하기만 하면 성취하지 못하는 사람이 없으니, 이 방법은 너무나 미묘합니다! 모든 일체제불도 중생이 불도를 원만히 이루도록 돕지만, 확실히 아미타부처님 이 방법에 견줄 수 없습니다.

이 한 마디 「아미타불」 부처님 명호의 공덕은 불가사의하여 시방삼세 일체제불의 공덕을 원만히 섭수하여 한마디 아미타불을 소리내어 염하면 시방삼세 일체제불의 공덕을 전부 다 염하게 됩니다. 뿐만 아니라 이 한마디 부처님 명호를 소리내어 염하면 80억겁의 생사중죄를 소멸시킬 수 있으니, 어떠한 법문도 이 법문과 견줄 수 없습니다. 이것이 바로 아미타부처님의 상수공덕입니다.

[제7장엄 주主공덕성취]

극진한 추대를 받는 극락도사

아미타부처님께서 인지因地 때에 어떤 부처님께서 비록 대중에게 둘러싸여 있지만, 대중 속에서 공경하지 않은 일이 발생하였습니다. 예컨대 석가모니부처님께서 세상에 계실 적에 한 출가한 제자가 부처님을 향해 14가지 난제를 제시하고 세존께서 그를 대신해서 해결해줄 수 없으면 불도를 배우지 않고 외도를 배우러 가겠다고 말하였습니다. 이는 무엇을 가리키는가 하면 부처님에 대해 공경하지 않고 항상 부처님의 결점을 찾고 부처님의 과실을 찾는다는 것입니다. 그래서 법장보살은 성불할 때 천인 대중이 지극한 마음으로 공경하고 싫증내는 마음이 없게 하겠다는 원을 일으켰습니다. 이는 일체대중이 여래에 대해 존경하지 않는 일이 없음을 설명합니다. 이는 바로 「장엄주공덕성취莊嚴主功德成就」입니다.

주공덕장엄을 어떻게 성취해야 하는가? 하면 계정혜戒定慧 삼학三學에 기대어야 성취할 수 있습니다. 계정혜는 어디로부터 실천하는가? 하면 세존께서 우리에게 총강령 · 총원칙을 가르치셨습니다. 그것은 바로 정업삼복淨業三福입니다. 제1조는 (범부의 복업으로) 「부모님께 효도 봉양하고, 스승과 어른을 받들어 모시며, 자비로운 마음으로 살생하지 말고, 열 가지 선업을 닦아야 합니다(孝養父母 奉事師長 慈心不殺 修十善業)」. 제2조는 (이승의 복업으로) 「삼보를 받아들이고 늘 기억하여, 온갖 계행을 구족하고 위의를 범하지 않아야 합니다(受持三皈 具足衆戒 不犯威儀)」. 제3조는 (대승의 복업으로) 「보리심을 발하고서 인과(염불 · 성불)를 깊이 믿고 대승경전을 독송하며 수행자들에게 (극락세계에 왕생하자고) 권진합니다(發菩提心 深信因果 讀誦大乘 勸進行者)」. 어느 법문을 수학하든지 모두 이 3조의 규칙을 준수해야 합니다. 이 3조는 삼세제불의 정업정인淨業正因으로 석가모니부처님 뿐만 아니라 과거 현재 미래의 일체제불 모두 이 3조를 준수하여야 성취할 수 있습니다. 이 3조를 실천하면 대중은 저절로 공경합니다.

《왕생론》 원생게에서 말씀하시길,

천인과 대보살 대중은 (아미타부처님을)
공경하고 가깝게 지내며 우러러 받듭니다.

天人丈夫衆 恭敬繞瞻仰。

이는 서방정토의 대중이 아미타부처님께 공경하는 마음이 쇠퇴하지도 물러남도 없고 오르락내리락함이 없음을 설명합니다. 이는 대단히 얻기 어렵습니다! 왜 이렇게 수승한 현상이 있는가? 하면 요즘 말로 스승님의 덕능과 지혜로 인해 학생이 공경하고 우러러 받들게 하여 그를 학습의 표준으로 삼습니다. 그래서 학생들의 추대를 감득할 수 있습니다. 학생이 스승님을 공경 사랑하는 마음은 마음속에서 진정성이 나오고 조금도 강요함이 없습니다.

「천인장부중天人丈夫衆」

「천인」은 서방정토에서 번뇌를 여전히 끊지 않은 대중들로 사토에서 범성동거토凡聖同居土와 방편유여토方便有餘土에 속하는 보살을 가리킵니다. 「장부」는 대보살에 대한 칭호로 그들은 견사見思 · 진사塵沙번뇌를 모두 끊고 무명도 몇 품 깨뜨리며 사토 중 실보장엄토實報莊嚴土의 보살입니다. 그래서 「천인장부중」은 바로 서방극락세계 사토四土 구품九品 모든 대중입니다. 이들 사람은 모두 시방세계에서 염불하여 왕생한 이로 모두 아미타부처님의 학생입니다.

「공경요첨앙恭敬繞瞻仰」

「공경」은 가르침에 의지해 봉행한다는 뜻입니다. 스승님께서 하신 말씀을 기억하여 머물고, 말씀하신 뜻을 정확하게 이해하여야 하며, 일상생활에서 완전히 실천해야 합니다. 이를 공경이라 합니다. 「요繞」는 가깝게 지낸다는 뜻으로 스승님의 가르침을 염념이 잊지 않음을 말합니다. 이는 시시각각 둘러싸며 스승님 곁에 있음을 가리키지 않습니다. 우리의 마음을 일으키고 생각을 움직임과 사상 · 언행이 모두 정토삼부경의 가르침을 지키는 것과 같습니다. 이를 「요불繞佛」이라 합니다. 이는 날마다 불상을 원을 그리며 돌며 맴도는 것을 가리키지 않습니다.

「첨앙瞻仰」은 바로 어진 이의 행동을 보고서 그와 같아지길 생각한다(見賢思齊)는 뜻으로 부처님에 대해 우러러보며 흠모하는 마음을 일으키고 그를 본받아 같아지길 희망합니다. 서방세계의 모든 대중은 스승님에 대해 전부 이러한 태도를 가집니다. 우리가 오늘 이곳에서 왕생할 준비를 하고, 우리의 사상과 언행을 경전에 의거해 여법하게 수학해야 갈 수 있습니다.

극락세계에 태어나 교주에 대해 공경하고 우러러 같아지려는 태도를 충분히 갖추면 일분 성경으로 일분의 이익을 얻지만, 공경심이 없으면 아무것도 배울 수 없습니다. 그래서 학습한 성과는 공경심과 절대로 정비례를 이룹니다. 세상 사람의 하열한 근성은 너무나 심각하여 공경심이 생기지 않아 부모님과 어른에 대해서도 공경할 줄 모르고 선지식에 대해서도 공경할 줄 모릅니다. 이에 선지식을 만날지라도 마주 보고도 놓치며 선지식을 향해 불도를 구하고 수학을 구할 줄 모릅니다.

이로 말미암아 결코 아미타부처님께서 우리를 환영하시지

않는 것이 아니라 자신이 부처님에 대해 공경하지 않아서 왕생할 수 없음을 알 수 있습니다. 따라서 우리는 학불學佛하여야 합니다. 학불하면서 마음을 바르게 간직하고, 학불하면서 행지行持하며, 학불하면서 사람을 대하고 물건에 접촉해야 합니다. 또한 일체 심념心念 및 행지行持에서 반드시 부처님을 본받아야 합니다. 반드시 부처님과 상응해야 합니다. 이와 같이 만인이 닦으면 만인이 갑니다.

[제8장엄 불허작주지不虛作住持공덕성취]

빨리 성불하는 진실의 이익

부처님께서 인지因地 때에 보니, 어떤 사람은 부처님을 만났지만 오히려 소승의 마음으로 자신의 해탈을 구할 뿐 보리심을 발하여 불과의 증득을 구하지 않았습니다. 혹 어떤 사람은 부처님을 만났지만 오히려 악취에 떨어지는 것을 면하지 못하였습니다. 또한 발심한 후 퇴전하였습니다. 이러한 원인 때문에 법장보살로 하여금 자신을 만나는 사람은 모두 불퇴전을 획득하여 빨리 위없는 보리를 원만히 이루도록 하겠다는 대원을 세우게 하였습니다. 이것이 바로 「장엄불허작주지공덕성취莊嚴不虛作住持功德成就」입니다. 「불허작不虛作」은 부처님께서는 어떠한 색상色相이든 시현하고, 혹 어떠한 묘법妙法이든 연설하시며, 혹 법신의 지혜로부터 어떠한 정토의 장엄을 현현함을 가리킵니다. 요컨대 48원으로써 섭수한 대서원의 바다 가운데 모두 중생이 불과를 빨리 이루도록 하는 진실의 이익이 있어, 조금도 덧없이 보내는 일은 없습니다. 「주지住持」는 아미타부처님 본원의 위신력으로써 중생의 마음을 주지住持할 수 있어 그로 하여금 염념이 보리도 가운데 안온히 머물러 보리선근을 잃지 않도록 합니다. 이로 말미암아 점차 일체공덕을 원만히 이룹니다.

《왕생론》 원생게에서 말씀하시길,

아미타부처님의 본원과 위신력을 관하여
부처님을 만나 헛되이 보내지 않는 사람에게
자성 공덕의 무량무변한 대보배 바다를
빠른 속도로 원만히 성취시켜줄 수 있습니다.

觀佛本願力 遇無空過者。能令速滿足 功德大寶海。

아미타부처님께서 성불할 수 있었던 까닭과 중생이 왕생할 수 있는 까닭은 인과 하나하나는 완전히 이 게송 한 수 가운데 포함되어 있습니다.

「관불본원력觀佛本願力」

《왕생론주》에서 말씀하시길, "본래 법장보살의 48원, 오늘 아미타여래의 위신력에 의지하여 본원으로써 위신력을 이루고 자재신력으로써 본원을 이루며 본원은 헛되지 않고 위신력은 유명무실하지 않는다. 위신력과 본원이 서로 부합하여 필경 차이가 없다(依本法藏菩薩四十八願 今日阿彌陀如來自在神力。願以成力 力以就願 願不徒然 力不虛設。力願相符 畢竟不差)." 하셨습니다. 이는 아미타부처님의 48원과 아미타여래의 위신력을 말하는 것으로 즉, 원으로부터 이 힘을 형성하고 이 힘은 원에 의지합니다. 48원은 인因이고 현재 닦아 이루는 것은 과덕果德으로 이렇게 큰 힘이 있어 일체 고난중생을 가지加持할 수 있습니다. 원은 힘을 낳고, 힘도 또한 원을 도울 수 있어 그것이 진실로 작용을 일으킵니다. 이로 인해 법장보살의 본원에 의지하여야 비로소 오늘 아미타여래의 위신력이 있습니다.

위신력은 어디에서 오는가? 다시 말해 아미타부처님의 이렇게 큰 능력은 어디서 오는가? 하면 원력에서 옵니다. **우리가 아미타부처님 48원에 의지하면 아미타여래 위신력의 가지를 얻을 수 있습니다. 불력이 우리를 가지하여 우리에게도 지혜와 능력이 생기고 번뇌를 끊을 수 있고 수학의 목표에 접근할 수 있습니다. 이것이 힘입니다. 그래서 원은 힘을 돕고 힘 또한 원을 도와서 힘과 원이 상부상조합니다.** 그래서 원은 헛된 원이 아니고 원은 헛되지 않으며 원을 그대로 실행할 수 있습니다. 힘도 헛되지 않아 확실히 힘이 있습니다. 그래서 원은 바로 힘이고 힘도 바로 원으로 하나로 융합하여 원력이라 부르니, 불가사의합니다.

염불인의 마음은 아미타부처님의 마음으로 아미타부처님과 동일한 마음입니다. 아미타부처님의 마음은 무엇인가? 하면 일체 중생이 빨리 성불하도록 도와야 한다는 말입니다. 왜냐하면 그는 본래 부처이기 때문입니다. 그래서 그는 부처를 이룰 수 있습니다. 그는 본래 부처이므로 이렇게 서두르면 정말 도울 수 있습니다. 유정중생만 부처일 뿐만 아니라 《화엄경》에서 말씀하시길, "유정과 무정이 함께 원만히 깨닫는다(情與無情 同圓種智)." 하셨습니다. 수목과 화초, 산하대지, 털 한 올 먼지 한 알 미점微點까지도 성불해야 합니다. 그래서 서방극락세계에 가면 대원만을 성취할 수 있습니다. 이것이 부처님의 본원력입니다.

「우무공과자遇無空過者」

이번 일생에 부처님을 만나야만 결정코 헛되이 보내지 않고 반드시 대단히 희유한 공덕을 얻습니다. 부처님을 만난 후 믿을 수 있고, 발원할 수 있으며, 염불을 행할 수 있으면 이번 일생에 왕생합니다. 설사 만날지라도 믿지 않고 기꺼이 염불하지 않으며 왕생하고 싶지 않아 비록 업보에 따라 윤회할지라도 이 또한 헛되이 보내지 않음입니다. 왜냐하면 아미타부처님의 종자가 아뢰야식 안에 떨어지면 금강종자라 하는데 영원히 무너지지 않아 아미타부처님과 법연을 맺습니다. 필경 언젠가는 깨달으면 이 종자가 작용을 일으킬 것입니다. 이번 생에게 왕생하지 못하면 내생來生이나 세 번째 생 이후 후생後生에 법연을 만나면 이 종자가 현행現行을 일으켜 왕생할 수 있습니다. 이것이 「헛되이 보내지 않음(不空過)」입니다.

「능령속만족能令速滿足」

「만족滿足」은 자성의 무량무변한 공덕을 원만히 성취할 수 있음을 가리킵니다. 「속速」은 빠른 속도입니다. 말하자면 일체 아미타부처님을 우연히 만나는 사람으로 하여금 위없는 불과를 재빨리 만족시킬 것입니다. 비록 이번 생에 왕생하지 않을지라도 금강종자가 이미 아뢰야식에 심어져 미래에 빠른 속도로 성불할 인연이니 실로 불가사의합니다.

「공덕대보해功德大寶海」

「대보해大寶海」는 자성공덕이 무량무변함을 비유한 것입니다. 석가모니부처님께서는 말씀하시길, "일체중생은 모두 여래의 지혜의 덕상이 있지만 망상 · 분별로 인해 증득할 수 없다(一切衆生皆有如來智慧德相 但以妄想執著而不能證得)." 하셨습니다. 우리의 자성이 본래 구족하고 있는 덕능德能은 아미타불 제불여래와 다르지 않지만 망상 · 분별이 장애하기 때문에 드러날 수 없습니다. 망상 · 분별 · 집착을 내려놓아야 자성의 공덕이 드러나서 지혜가 원만할 뿐만 아니라 복덕도 원만합니다. 그래서 보장寶藏으로 자성을 비유한 것입니다. 게다가 이들 자성의 보장은 그것을 취해도 다 없어지지 않고 써도 다하지 않습니다. 그래서 바다를 가지고 비유한 것입니다.

오늘 우리가 학불하면 정토법문을 제외하고 그밖에 어떤 법문을 수학하든지 이번 생에 육도윤회를 뛰어넘을 수 없습니다.

바꾸어 말하면 아무리 잘 닦는지 상관없이 내생에 인천의 선과善果를 얻을 뿐 삼계를 벗어날 수 없습니다. 삼계를 벗어나지 못하면 헛되이 주지住持하는 것입니다. 오직 정종법문만 헛되지 않고 이번 생 동안 반드시 원만히 성취합니다.

이상으로 서방세계의 인생 및 환경의 첫 번째 단락을 관찰하고 우리를 이끄는 스승이신 아미타부처님의 여덟 가지 공덕장엄을 관찰하였습니다. 아래는 두 번째 단락으로 권속보살의 네 가지 장엄공덕을 관하는 것입니다.

보살장엄공덕성취

[제2소과] 극락세계의 권속

이미 부처님의 공덕을 관하였는데, 왜 다시 보살의 공덕을 관하는 것인 필요한가? 하면 이는 세간법에서 훌륭한 군주가 있으면 반드시 현명한 신하의 보좌가 있는 것과 같습니다. 예컨대 요·순 임금의 시대를 「무위로 다스린 시대(無爲而治)」라 불렀으니, 저절로 감득한 아래의 사람은 달가운 마음으로 그를 보좌하여 그와 함께 대업大業을 이룹니다. 만약 단지 여래법왕만 있고 부처님을 도와 교화하는 대보살 법의 신하가 없다면 보좌하여 불법을 선양함에 있어 원만하다 말할 수 없습니다. 그래서 여기서 극락세계는 원만한 불공덕과 원만한 국토공덕이 있을 뿐만 아니라 여전히 권속보살공덕이 있음을 표명해야 합니다. 이렇게 지극한 선에 머묾(止於至善)은 가장 선하고 오묘한 정도를 드러내는 것입니다.

여기서 「보살장엄공덕성취」를 관찰함에는 네 가지가 있습니다. 이곳에 이르러 극락세계장엄공덕성취가 원만하다고 말하는 셈입니다. 우리가 아미타부처님의 공덕을 관하면 실제로 부족함

없이 일체 소원을 원만히 성취할 수 있지만, 우리가 다시 극락보살의 공덕을 관하는 것을 장애하지 않습니다. 그 원인은 첫째, 극락세계에는 가장 원만한 권속이 있어 부처님을 도와 불법을 선양하고 중생을 교화하기 위함입니다. 둘째, 여러 대보살의 공덕을 관찰하여 자신의 선한 원을 원만히 성취할 수 있습니다. 셋째, 대승을 닦는 사람은 공덕을 좋아하고 즐겨 만족하는 마음이 없습니다. 그래서 아미타부처님의 공덕을 관하였어도 여전히 극락보살의 공덕을 관해야 합니다. 서방극락세계의 여러 대보살을 관찰하면 이들은 모두 극락에 왕생하는 동참도우同參道友이자 동학同學입니다. 그러므로 우리는 그들에 대해 똑똑히 인식해야 합니다.

늘 말하길, "일하는 것은 어렵지만 사람노릇 하는 것은 더욱 어렵다(做事難 做人更難)." 하였습니다. 그래서 사람과 사람이 함께 사는 것은 매우 쉽지 않습니다. 현재 우리는 오탁악세에 살므로 수행하기가 너무나 어렵습니다! 진지하게 수행에 힘쓰려고 하면 시기하는 사람이 있어 온갖 방법을 다해서 장애를 하려고 합니다. 이로 인해 장애가 너무나 많아 수행은 매우 곤란합니다. 서방정토에는 장애가 없습니다. 확실히 시기도 분노·원망도 없이 여러 상선인上善人이 한 곳에 모여 살므로 극락세계에 가서 그곳에서 수행하면 동삼 한 사람 한 사람마다 모두 기뻐하며 찬탄하고 우리를 돕습니다. 이렇게 좋은 인사환경은 일체 제불찰토에서는 찾을 수 없습니다.

서방극락의 보살은 전부 후보불後補佛입니다. 관세음·대세지 보살과 문수·보현·미륵보살은 모두 후보불로 그 세계와 인연이 있으면 그곳에 가서 부처가 되고, 타방에 계시면서 다음에는 부처가 되는 보처補處입니다.[29] 실은 모두 등각보살로 실제로는 성불하였지만 부처의 지위에 없는 것에 불과합니다. 그러한 사람의 수는 얼마나 있냐 하면 무량무변합니다. 서방세계 등각보살은 무량무변 아승지로 너무나 많다고 말합니다. 《아미타경》에서 말하는 「여러 상선인(諸上善人)」, 이 상선의 사람은 바로 등각위의 보살을 가리킵니다. 이들 후보불은 모두 아미타부처님께서 십겁에 성불하시는 동안 닦아서 이룬 것으로 십겁은 아승지겁과 견줄 수 없습니다. 서방세계에서는 수행에 아무런 장애가 없고 단지 돕는 것만 있고 번뇌를 찾을 수 없습니다. 그래서 이렇게 빠른 속도로 성취합니다.

여기서부터 서방극락세계의 수승함을 체득할 수 있습니다. 그것은 정말 가장 좋은 학교로 스승님도 좋고, 교학하는 방법도 좋으며, 환경도 좋을 뿐만 아니라 동학도 좋습니다. 그래서 왕생하는 중생은 번뇌와 업장이 저절로 사라지고 매우 빨리 개오開悟

29) "저 불찰토에 있는 모든 현재·미래의 일체 보살들은 누구나 다 구경에 일생보처一生補處의 지위를 얻게 되리라." _《불설대승무량수장엄청정평등각경》, 제29품 대보살의 원력은 크고 깊다

할 수 있습니다.

[제1장엄 부동본처변지시방공양화생不動本處遍至十方供養化生]

자신을 이롭게 하고 남을 이롭게 하는 대심大心보살

보살권속을 관함에는 네 가지 바른 수행의 공덕성취가 있습니다. 첫째는「움직이지 않고 본처에 있으면 두루 시방세계에 가서 공양하고 중생을 교화하는 장엄(不動本處遍至十方供養化生莊嚴)」입니다.

《왕생론》에서 말씀하시길,

한 부처님 국토에서 몸을 움직이지 않고 시방세계에 두루 갖가지로 응화하여 실답게 수행하고 항상 불사를 짓는다.

於一佛土 身不動搖 而遍十方 種種應化。如實修行 常作佛事。

《왕생론주》에서 해석하시길, 보살은 먼저 일체제불에게 응화하여 공양하고, 중생에게 응화하여 교화하는 이러한 사업을 하여야 하는데,[30] 이는 실제로 보현보살의 십대원에서 말하는

---

30) 《대집경》에서 말씀하시길, "보살은 또한 이와 같아 먼저 갖가지 제방을 다스리

「예경제불禮敬諸佛 · 칭찬여래稱讚如來 · 광수공양廣修供養 · 참제업장懺除業障」입니다. 이것이 보살이 가장 먼저 해야 하는 일입니다. 천친보살께서 여기서 우리에게 가르쳐두시듯이 예배 · 찬탄 · 발원 · 관찰(억념) · 회향의 오념법五念法으로 염불합니다. 오념五念은 일념一念입니다. 하나가 다섯이고 다섯이 하나이니, 일념 가운데 오문五門을 담고 있습니다. 우리가 염불함에 있어 한마디 한마디 부처님 명호는 모두 오념문을 구족하고 있습니다. 이렇게 공부하면 득력을 하고 망상집착이 생기지 않으며 심지가 청정해집니다. 이것이 염불방법으로 염불삼매를 얻는 것입니다.

삼매를 얻은 후 「한 부처님 국토에서 몸을 움직이지 않습니다. (於一佛土 身不動搖)」 이는 서방극락세계에 왕생한 보살이 자기 본래 몸은 아미타부처님 강당에서 움직이지 않고 부처님께서 경전을 강설하며 교학하는 소리를 듣는 것을 가리킵니다. 동시에 또한 분신하여 시방세계에 가서 참방하고 부처님께 공양하며 복을 닦을 수 있습니다. 게다가 인연 있는 사람을 만나면 인연 있는 사람이 미혹을 깨뜨리고 개오하며 괴로움을 여의고 즐거움을 얻어서 대자재를 얻도록 돕습니다! 이것이 아미타부처님의 본원위신력이 가지加持하는 것입니다. 그래서 신통 · 도력 · 지혜 등의 능력이 생겨 「시방세계에 두루 갖가지 응화신이 두루 합니다.

듯이 일체제불 및 중생을 공영하고 교화하며, 삼매에 들어가 몸과 마음을 움직이지 않은 채 실답게 수행하고 항상 불사를 짓는다(菩薩亦如是。先治一切諸佛及衆生應供养應教化 種種堤塘。及入三昧 身心不動 如實修行 常作佛事)." _《왕생론주》

(遍十方種種應化)」 이러한 화신이 일체법계에 두루 하고, 서방정토에는 각 보살들의 화신이 허공법계에 두루 가득합니다.

「종종응화種種應化」

극락정토에 도달한 보살의 여섯 가지 신통은 모두 원만합니다. 이른바 천안天眼으로 훤히 보고 천이天耳로 철저히 듣습니다. 그래서 어느 도에 태어난 고난 중생이든 단지 마음을 일으키고 생각을 움직여 중생에게 감感이 있을 때 보살의 응應이 있어서 중생을 교화하러 갑니다. 이를 응화應化라 합니다. 무슨 몸인가 하면 화신化身, 분신分身입니다. 《보문품》에서 강설한 것은 어떤 몸으로써 제도 받음을 얻는 자에게 응하면 어떤 몸으로 나타나서[31] 설법하는 이러한 능력이 있습니다.

「여실수행如實修行 상작불사常作佛事」

「불사佛事」는 중생이 깨닫는 일을 돕는 것을 가리킵니다. 극락정토의 보살은 능력이 있어 중생이 잘못된 사상 · 언론 · 행위를 수정하도록 돕고, 그들이 깨닫도록 돕습니다. 이래야 참된 수행입니다. 자신이 수행하는 방법과 성취를 다른 사람에게 소개하고

---

31) "선남자여! 만약 어떤 국토에 중생이 있어 부처님의 몸으로써 제도 받음을 얻는 자에게 응하여 관세음보살이 곧 부처님의 몸으로 나타나서 설법하고, 벽지불의 몸으로써 제도 받음을 얻는 자에게 응하여 곧 벽지불의 몸으로 나타나서 설법하며, 성문의 몸으로써 제도 받음을 얻는 자에게 응하여 곧 성문의 몸으로 나타나서 설법하느니라." _《관세음보살보문품 심요》(비움과소통)

추천하며, 다른 사람이 수학하도록 돕습니다. 자신도 또한 진지하게 수행하여 조금도 해이해지지 않을 뿐만 아니라 심지는 청정하여 상에 집착하지 않습니다.

그래서 《왕생론》은 이 장엄을 찬탄하며 원생게에서 말씀하시길,

"안락국토는 청정하여 무구법륜이 항상 구르고, 화신 불보살은 태양처럼 시방세계에 두루 나타나며 수미산처럼 부동하여 주지합니다."

安樂國清淨 常轉無垢輪 化佛菩薩日 如須彌住持。

「안락국청정安樂國淸淨」

안락국은 극락세계입니다. 극락세계는 청정한 세계로 의보依報이든 정보正報이든, 말하자면 물질환경이든 인사환경이든 한 가지도 청정하지 않음이 없습니다. 그래서 「청정」은 그것의 총상總相입니다.

「상전무구륜常轉無垢輪」

「무구無垢」는 청정으로, 육근六根이 접촉하는 것은 모두 견줄 수 없이 청정합니다. 여기서는 극락세계의 법륜이 항상 굴러서 불보살이 설법할 뿐만 아니라 육진六塵도 모두 설법하고 설한 법도 견줄 수 없이 청정함을 말합니다. 아미타부처님은 극락세계

여러 대보살들을 위해 무구법륜을 항상 굴리고, 여러 대보살들도 이 법륜으로써 일체를 개도開導하여 멈추고 쉬지 않습니다. 이를 「상전常轉」이라 합니다. 이로 인해 무시겁 이래의 오염과 번뇌, 망상과 습기는 서방극락세계에서는 매우 쉽게 끊어져 제거됩니다.

「화불보살일化佛菩薩日」

「일日」은 광명을 대표합니다. 이는 아미타부처님과 정토의 보살들과 그들의 화신이 무량무변하여 마치 태양의 광명이 시방세계에 두루한 것과 같습니다. 이는 화신불과 화신보살을 가리킵니다. 그래서 극락세계에 도달하면 한 사람 한 사람마다 시시각각 모두 아미타부처님 몸 곁에서 학습할 수 있습니다. 왜냐하면 아미타부처님께서는 무량한 몸으로 분신할 수 있고, 아미타부처님 화신은 그의 진신도 아무런 차별이 없습니다. 정토의 보살도 이와 같습니다. 그래서 관세음보살과 대세지보살도 날마다 우리의 몸 곁을 둘러싸십니다.

극락보살이 시방일체 인연 있는 중생과 감응하는 것은 화신불과 화신보살입니다. 왜냐하면 중생은 부처님의 몸이 와서 그를 제도하여 주길 생각하면 화신불의 몸이 부처님의 몸으로써 제도받음을 얻는 자에게 응하여 곧 부처님의 몸을 나타내어 그를 제도 교화하고, 보살이 그를 도와주길 생각하면 곧 보살의 몸을 나타내어 그를 제도 · 교화하기 때문입니다. 어떤 몸으로 화신하든 자신의 뜻이 아니고 상대방의 뜻입니다. 상대방이 불보살을 구함은 유심有心이고, 불보살이 가서 응함은 무심無心입니다. 극락세계에 왕생한 보살의 응함이 아미타부처님과 같아서 마음을 일으키고 생각을 움직이지도 분별하고 집착하지도 않습니다. 그래서 비로소 무량무변한 몸으로 화신할 수 있고, 비로소 무량무변한 중생을 도울 수 있습니다.

「여수미주지如須彌住持」

「수미須彌」는 여기서 부동不動을 표시하고 염불삼매를 표시합니다. 이는 정토보살의 심지가 청정하고 마음에 아미타부처님만 계시면 세간과 출세간의 일체법에 동요하지 않고, 행동거지 하나하나 저절로 모두 계율과 위의에 부합합니다. 이것이 바로 신심身心의 부동不動입니다. 몸과 마음이 항상 청정부동한 가운데 수행의 상에 집착하지 않고 중생을 교화하는 상에 집착하지 않습니다. 이래야 능력이 있어서 시방세계의 중생을 교화하는 불사를 항상 짓습니다.

요컨대 부처님께서 인지因地에서 왜 이런 장엄을 일으켰을까요? 《왕생론주》에서 말씀하시길, 아미타부처님께서는 인지因地에서 어떤 불국토에서 단지 소보살小菩薩이 있음을 보았기 때문입니다. 소보살은 견성見性한 보살이 없음을 가리킵니다. 소보살은 권교보살權教菩薩이라고 부릅니다. 이 보살의 지혜는 작고, 능력도 작습니다. 지혜와 덕능이 크지 않을 뿐만 아니라 심원心願도 크지 않고 심량心量도 크지 않습니다. 그래서 시방세계에서 제불을 모시고 중생을 제도·교화할 수 없고, 중생을 이롭게 하는 사업의 규모는 대단히 협소합니다. 그래서 국토에 무량한 대보살이 있어 몸이 본처에서 움직이지 않은 채로 시방세계에 두루 나타나고, 갖가지 인연에 순응하여 화현하며, 실답게 수행하면서 항상 중단하지 않고 항상 불사를 짓습니다.

그래서 이 원생게에서는 마지막으로 총결하여 말씀하시길,

여러 중생들로 하여금
진흙에서 연꽃을 피우게 하는 까닭이다.
開諸衆生 淤泥華故。

이는 육도중생은 번뇌의 진흙에서 스스로 헤어날 방법이 없는데, 정토의 보살은 근기를 관할 수 있어 어떤 방법을 써서 중생을 계도할 줄 알아 일체중생으로 하여금 미혹을 깨뜨리고 개오하여 일생동안 무상각無上覺을 이루게 함을 비유한 것입니다. 보살은 어떤 방법으로 중생을 제도·교화하는가? 하면 믿음·발원·집지명호로 이러한 중생을 깨닫게 하고, 일생에 왕생할 수 있도록 하며, 성불하게 합니다.

[제2장엄 일념일시변지불회이익군생一念一時遍至佛會利益群生]

위로는 공양하고 아래로는 교화하는 분신보살

두 번째 보살장엄을 관함은 「일념 일시에 제불여래의 법회에 두루 이르러 중생을 이롭게 하는 장엄(一念一時遍至佛會利益群生莊嚴)」입니다. 앞쪽 첫째 장엄은 공양에 중점을 둡니다. 공양은 복덕을 닦음입니다. 둘째는 지혜를 닦음에 중점을 둡니다. 「제불여래의 법회에 두루 이름(遍至佛會)은 바로 제불여래의 도량에 이르러 경전 강설과 법문을 잘 듣습니다. 이는 바로 지혜를 닦음입니다. 수행은 두 가지 대강령, 즉 복덕과 지혜를 닦음에 불과합니다. 바꾸어 말하면 우리는 이 두 가지를 닦아 복덕과 지혜가 원만하면 성불합니다. 우리는 이 세계에서 복덕과 지혜가 원만하려면 삼대아승지겁을 수학하여야 합니다. 그러나 서방극락세계에 가면 며칠 되지 않아 원만합니다. 왜 원만하냐 하면 그 속의 인연이 너무나 좋아서 염념마다 모두 제불께 공양할 수 있고, 염념마다 모두 부처님의 설법을 들을 수 있어 복덕과 지혜를 동시에 성취하니, 불가사의합니다.

《왕생론》에서 말씀하시길,

저 응화신은 언제라도 앞도 뒤도 아니고, 일심 일념에 큰 방광을 놓아 빠짐없이 능히 두루 시방세계에 이르러 중생을 교화하신다. 갖가지 방편으로 수행하고 지은 공덕으로 일체 중생의 괴로움을 소멸하고 제거하는 까닭이다.

彼應化身 一切時 不前不後 一心一念 放大光明 悉能遍至十方世界 教化衆生。種種方便 修行所作 滅除一切衆生苦故。

이는 서방세계 이들 여러 대보살들은 신통이 광대하여 일념에 두루 시방 일체찰토에 이르러 그곳에 가서 경전과 법문을 잘 듣고 중생을 교화한다고 말합니다.

「피응화신彼應化身」

경전에서 우리에게 이르시길, 서방극락세계에 태어나면 과보는 수승하고 불가사의하다 하십니다. 설사 범성동거凡聖同居土 하하품下下品으로 왕생할지라도 서방세계에 도달하면 전부 아유발취(阿惟越致; 불퇴전지) 보살입니다. 갑자기 팔지보살八地菩薩의 수용 · 신통 · 도력을 얻을 수 있으니, 이는 자신이 닦아서 얻은 것이 아니라 아미타부처님의 본원 위신력이 가지한 것입니다.

「일체시一切時 부전불후不前不後 일심일념一心一念」

이는 앞쪽의 뜻보다 한층 더 깊습니다. 첫째 보살장엄에선 단지 극락세계 보살의 몸은 동요하지 않은 채 강당에서 경전 강설과 법문을 잘 듣고 분신하는 능력이 있어 일체 중생의 감感에 응하고 무량무변한 분신으로 가서 응할 수 있다고 말할 뿐입니다. 여기서는 한걸음 더 나아가 어느 때이든지 어느 장소에서든 일심 일념에 공간이 없고 시간도 없이 당하에 감응도교感應道交합니다.

《왕생론주》에서 말씀하시길, "만약 일시가 아니면 곧 왕래하는 것이다. 만일 왕래가 있다면 움직이지 않는 것이 아니다(若不一時 則是往來 若有往來 則非不動)." 하셨습니다. **서방세계의 보살은 분신 화신으로 진허공·변법계 어느 곳이든 모두 갈 수 있고, 동시에 도달합니다.** 그래서 《아미타경》에서 말씀하시길, "타방세계 십만 억 부처님께 공양하고(供養他方十萬億佛)."32)라 하셨습니다. 이는 일시에 도달한 것이고 동시에 도달한 것으로 왕래가 없습니다. 만약 이러한 일이 일시가 아니면 시간상으로 선후의 과정이 있습니다. 선이 여기에 있고 후는 저기에 있으면 바로 왕래하는 것이며 왕래가 있다면 바로 움직이는 것입니다. 움직이는 것이 아니어야 시방세계에 두루 할 수 있고, 움직이면 시방세계에 두루 할 수 없습니다.

첫째 보살장엄을 관찰할 때 「몸은 동요하지 않은 채 시방세계

---

32) "저 국토의 중생들은 늘 새벽마다 각자 바구니에 온갖 미묘한 꽃을 가득 담아 타방세계 십만 억 부처님께 공양하고, 곧 식사 때에 본래 국토로 돌아와서 함께 식사하고 경행하느니라." _《아미타경 독본》(비움과소통)

에 두루 한다(身不動搖 而遍十方)」는 말이 있습니다. 이는 어느 시간의 전후가 여전히 있는 것이고, 또한 몸이 동요하지 않은 채 시방세계에 두루 이르는 것입니다. 이는 일단의 시간이 경과하여 완성된 것입니다. 그러나 이곳에서 말한 것은 시간의 전후가 없고 일시에 시방세계에 두루 이릅니다. 이것은 양자의 차별입니다.

「방대광명放大光明 실능변지시방세계悉能遍至十方世界 교화중생教化衆生」

보살의 응화신應化身이 시방세계에 가서 인연이 있는 중생을 교화합니다.

「종종방편種種方便 수행소작修行所作 멸제일체중생고고滅除一切衆生苦故」

이는 바로 일체중생이 괴로움을 여의고 즐거움을 얻도록 돕는 것입니다. 일생에 서방극락세계에 가서 하하품으로 왕생하여도 모두 이러한 부처님의 신분으로 중생을 교화하니, 진실로 불가사의합니다.

《왕생론》 원생게에서 말씀하시길,

무구장엄의 심광을 발하여
일념 및 일시에
일체 제불여래의 법회를 두루 비추어

모든 중생을 이롭게 합니다.

無垢莊嚴光 一念及一時 普照諸佛會 利益諸群生。

「무구장엄광無垢莊嚴光」

「무구」는 청정이고, 「장엄」은 아름다움이며, 「광」은 심광을 가리키고 지혜를 대표합니다. 불보살의 신행과 언교가 바로 광명입니다. 만약 학습할 줄 알면 미혹과 오염은 저절로 사라지고, 자성장엄의 지혜광명이 드러날 수 있습니다.

「일념급일시一念及一時」

극락세계의 제불보살은 법성신法性身으로서 우리의 이 육체가 아니어서 부피(體積)가 없어 공간을 차지하지 않고 이와 사에 걸림이 없고 사와 사에 걸림이 없습니다. 그래서 동시에 다른 곳에서 무량무변한 몸으로 나타나 시방세계의 여래에게 공양하고 경전 강설과 법문을 잘 듣고 두루 시방세계에 이르러 중생을 교화하십니다. 이것은 모두 한 순간 한 때에 완성됩니다. 이로 인해 극락세계 보살이 하루 학습한 것은 우리가 열 개의 대겁에 모두 다 배우지 못하지만 그는 하루에 원만히 배울 수 있습니다. 한 순간 한 때에 법계에 두루 미칠 수 있는 능력이 있으니, 진실로 불가사의합니다!

「보조제불회普照諸佛會」

「제불회諸佛會」는 시방 일체 제불여래의 법회이자 제불여래 교학의 강당입니다. 시방세계에 두루 이르러 제불여래의 도량에 가서 경전 강설과 법문을 잘 듣습니다. 게다가 행은 사람의 스승이 되고 배움은 세상의 모범이 되어 중생을 교화하고 중생의 어리석은 어둠을 깨뜨려 제거합니다. 위로는 제불께 공양하고 아래로는 중생을 제도하려면 오직 서방극락세계에 도달해야만 이렇게 수승한 능력이 생깁니다.

「이익제군생利益諸群生」

「군생群生」은 인연이 있는 중생을 가리킵니다. 인연이 있다 함은 무슨 뜻입니까? 일찍 이러한 한 마디 아미타불을 듣고서 아뢰야식 안에 아미타부처님의 종자가 들어 있으면 인연이 있다 합니다. 인연이 있는 중생이 너무나 많아 비록 인연이 있을지라도 다 인연이 무르익지는 못합니다. 인연이 무르익지 않다 함은 무슨 뜻입니까? 망상 · 분별 · 집착을 내려놓지 못함이 바로 인연이 무르익지 못함입니다. 무르익지 못한 그를 보살펴서 그가 성장하도록 도우면 언젠가는 무르익고 언젠가는 왕생할 수 있습니다. 그래서 극락보살과 인연이 있기만 하면 한 사람도 제도 받음을 얻지 못하는 사람은 없습니다. 이 인연은 너무나 수승하여 어떠한 법문도 전혀 견줄 수 없으니, 우리는 반드시 소중하게 여겨야 합니다.

《왕생론주》에서 말씀하시길, 부처님께서는 어떤 인연으로 장엄을 일으켰는가? 하면 부처님께서 인지因地 때에 보니, 여래의 권속인 부처님의 학생이 타방세계 무량제불께 공양하고 싶거나 혹은 무량중생을 교화하고 싶을 때 이쪽에서 먼저 은몰하고 저쪽에 나타나 일념 일시에 방광을 비출 수 없어서 시방세계에 두루 가서 중생을 교화하는 것은 매우 괴로운 일이었습니다.

그래서 법장보살은 이 원을 발하길,

원하옵건대 저의 불토 여러 대보살들이 일념의 짧은 시간에 시방세계에 두루 이르러 갖가지 불사를 짓게 하겠나이다.

「願我佛土諸大菩薩 於一念時頃 遍至十方 作種種佛事」

그리고 이 원을 실행하였습니다. 그래서 시방세계 중생은 일생에 서방극락세계에 가면 아미타부처님의 이 원력 가지를 얻어 즉각 분신하는 능력이 생겨 시방세계에 무량무변한 제불찰토에 가서 갖가지 중생을 이롭게 하는 불사를 합니다. 이것이 분신하여 가고 화신으로 가는 것으로 천백억으로 분신합니다. 서방극락세계에 도달하면 이런 능력이 생깁니다.

[제3장엄 일체세계찬탄제불一切世界讚歎諸佛]

평등하게 두루 공양하는 보현보살

셋째 보살장엄을 관함은 「일체세계에서 제불을 찬탄하는 장엄(一切世界讚歎諸佛莊嚴)」입니다. 이는 극락세계 보살이 진허공·변법계 일체제불의 찰토에서 제불께 예경하고·여래를 찬탄하며·공양을 널리 닦는 것입니다. 이는 보현대사의 법문으로 그 세계 인연이 있는 중생에게 보여주고 그들이 수행하도록 이끌어 주는 것입니다.

그래서《왕생론》에서 말씀하시길,

그들은 일체세계에서 남김없이 제불여래의 법회 대중들을 비추고, 남김없이 제불여래께 광대 무량하게 공양하고, 공경·찬탄한다.

彼於一切世界 無餘照諸佛會大衆 無餘廣大無量供養恭敬讚歎 諸佛如來。

이로 인해 찬탄하며 원생게에서 말씀하시길,

하늘 음악·하늘 꽃·하늘 옷, 미묘한 향 등을
비 오듯 내려 공양하면서

제불의 공덕을 찬탄하니
분별하는 마음이 없습니다.

雨天樂華衣　妙香等供養　讚佛諸功德　無有分別心。

「우천락화의雨天樂華衣 묘향등공양妙香等供養」

이는 보살이 타방세계에 가서 부처님을 친견하는데, 부처님을 친견하면 반드시 공양이 있어야 함을 설명합니다. 무엇으로 공양하는가? 하면 하늘 음악과 하늘 꽃, 하늘 옷과 미묘한 향으로 공양합니다. 공양구는 무량무변한데, 여기서는 몇 가지 사례를 들었을 뿐입니다.

위로는 제불께 공양하고, 아래로도 일체중생에게 공양합니다. 우리가 현재 부처님에 대해서는 공양을 말하고 중생에 대해서는 보시를 말하는 것은 분별심이 있는 설법입니다. 이러한 **대보살은 분별심이 없고 부처님과 중생을 한결같이 평등하게 보아서 최상의 진성심·공경심으로 평등하게 제불과 중생을 대대對待합니다. 그래서 공양을 널리 닦으라 말합니다.** 그들이 닦는 것은 보현행으로 보통보살이 아니고 일반 보살을 뛰어넘습니다.

「찬불제공덕讚佛諸功德」

제불의 수행 성취 및 부처님의 대자대비심으로 일체중생을 교화함을 찬탄합니다.

「무유분별심無有分別心」

이것이 바로 보현행입니다. 여러 대보살에게는 여전히 분별심이 있으나 보현보살에게는 분별심이 없습니다. 극락보살이 공양하고 제불의 공덕을 찬탄할 때 마음 가운데 절대 이것이 우월하다 저것이 하열하다는 분별심을 일으키지 않습니다. 그들은 청정·평등심으로 합니다. 그래서 부처님의 공덕을 찬탄함에서 가장 중요한 것은 분별심이 없는 것입니다.

《왕생론주》에서 말씀하시길, "비록 예토 여래의 대자애와 겸손과 인내를 찬탄할지라도 불토에 깨끗하지 못한 상이 있음을 보지 않는다. 비록 정토 여래의 무량장엄을 찬탄할지라도 불토에 청정한 상이 있음을 보지 않는다. 무슨 까닭인가 하면 제법이 평등한 까닭에 여러 여래도 평등하다. 이런 까닭에 제불여래를 평등각이라 한다(雖歎穢土如來大慈謙忍 不見佛土有雜穢相。雖歎淨土如來無量莊嚴 不見佛土有淸淨相。何以故 以諸法等故 諸如來等 是故諸佛如來名爲等覺)." 하셨습니다.

비록 예토의 여래에게 대자애의 마음이 있고 겸손하게 자신을 낮추고 안인安忍이 있어 고통바다에 들어가 중생을 제도할 수 있다고 찬탄하지만 불토에 깨끗하지 못한 상이 있다고 보지 않습니다. 비록 정토의 여래가 무량하게 장엄하고 있다 찬탄하지만 국토에 청정상이 있다고 보지 않습니다. 어떠한 연고이냐

하면 제법의 법성이 평등한 연고로 법성에서 오는 여래도 평등하고 그래서 제불을 평등각이라 부릅니다. 이는 무분별심을 해석한 것입니다.

《왕생론주》에서 또 말씀하시길, "만약 불국토에 대해 우열의 마음을 일으킨다면 설사 여래께 공양할지라도 법공양이 아니다(若於佛土起優劣心 假使供養如來 非法供養也)." 하셨습니다. 만약 불국토에 대해 이것은 우월하고 저것은 하열하다는 분별심을 일으키면 설사 여래께 공양할지라도 진정한 법공양이 아닙니다. 이는 마음이 상相에 반연할 뿐 정토 · 예토의 우열을 분별하여 공양함은 전혀 평등법성에 계합함이 없습니다. 그래서 진정한 법공양이 아닙니다.

《보현행원품》에서 우리에게 이르시길, "일체공양 중에 법공양을 최고로 삼는다(一切供養中 法供養爲最)." 하셨습니다. 법공양이 제일입니다. 무엇이 법공양이냐 하면 무분별심으로 청정하게 공양해야 법공양입니다. 만약 분별심이 있다면 그 법은 파괴되고 사공양事供養으로 바뀌어 법이 아닙니다. 그래서 진정으로 무분별 · 청정심이어야 법공양입니다. 만약 마음이 청정하지 않아 분별이 있고 집착이 있으면 법공양도 사공양으로 바뀝니다.

《왕생론주》에서 말씀하시길, 부처님께서 인지因地에서 왜 이 장엄을 발하였는가? 하면 어떤 불국토 중의 보살과 인천의 지향이 광대하지 않고, 광대한 보현행원을 발하지 않아 무량무변한 시방세계에 두루 다니면서 제불과 제불의 권속대중에게 공양할 수 없음을 보았기 때문입니다. 또한 어떤 국토의 보살 · 인천은 국토에 대해 정토와 예토로 분별하여 시방제불의 면전에 가서 공양을 두루 행하지 못하고 광대한 선근을 일으킬 수 없음을 보았습니다.

이상의 원인으로 말미암아 법장보살은 그가 성불할 적에 국토의 일체 보살 · 성문 · 천인이 모두 시방제불의 설법대회에 두루 가서 제불의 면전에서 하늘 음악과 하늘 꽃, 하늘 옷과 하늘 향 등 미묘한 공양구를 공양하고 교묘한 변재의 말로 제불의 공덕을 찬탄할 수 있기를 발원하였습니다. 이는 광대한 보현행이 두루 미치도록 행지하는 것입니다. 서방세계에 왕생하여 막 그곳에 도달하여 아미타부처님을 친견하면 이러한 능력이 생깁니다.

법장보살의 발원에서 염념마다 고려하는 것은 자신이 어떻게 향수하는 것이 아니라, 어떻게 정토를 건립하여 중생으로 하여금 정토에 태어나 모두 보현보살의 광대한 대원을 성취할 뿐만 아니라, 허망한 분별을 일으키지 않도록 하느냐를 사유하는 것입니다. 법장보살이 대원을 세울 때에 이런 것들을 사유하였을 뿐만 아니라 사유한대로 그렇게 정토를 세웠습니다. 그래서 중생이 극락세계에 왕생하면 반드시 빠른 속도로 보현행원을 원만히 이루어야 합니다.

[제4장엄 무삼보처시법無三寶處示法]

자비가 견고한 용맹보살

네 번째 관보살장엄은 「무삼보처시법장엄無三寶處示法莊嚴」입니다. 여기서 「시示」는 시현으로 모두에게 보이도록 표연表演[33] 해 주는 것입니다. 만약 이곳의 사람이 삼보를 믿지 않고 삼보가 필요 없다 하면 보살은 그것을 버리지 않고 오히려 몸으로 시범을 보여 중생에게 보여줄 것입니다. 사람마다 본래 불성을 갖추고 있어 불법은 교육으로 잘 가르칠 수 있는 것입니다.

《왕생론》에서 말씀하시길,

저 시방 일체세계 어디라도 삼보가 없는 곳에 불법승 삼보의 공덕 대해를 주지住持하며 장엄하고, 두루 보여서 깨닫게 하여 실답게 수행하도록 한다.

彼於十方一切世界無三寶處 住持莊嚴佛法僧寶功德大海 遍示令解如實修行。

33) "표연表演은 내가 한 것을 다른 사람에게 보여주는 것으로 자신의 마음이 편안하고 쾌적하며, 즐겁고 활달하다는 것을 표현하여 다른 사람이 이를 보고서 사모하게 하여 교육할 기회를 주는 것입니다." _《무량수경친문기》(비움과소통)

원생게에서 말하길, “시방세계 어디라도 불법의 공덕·보배 없는 곳에, 원하옵건대 제가 모두 왕생하여 부처님처럼 불법을 펼쳐 보이겠나이다.”

偈言 何等世界無 佛法功德寶 我皆願往生 示佛法如佛故。

이 단락에서는 보살의 덕행을 최고조로 찬탄합니다. 이 또한 대승불법의 가장 적극적인 형태입니다. 이는 극락세계 보살의 무연대자無緣大慈·동체대비同體大悲를 최고조로 표현한 것입니다. 어떤 세계에서도 부처님이 없고 불법이 없으며 삼보가 없으면 극락보살들은 모두 그곳에 가서 왕생하고, 가서 시현하길 원합니다. 이는 자비가 지극함입니다!

《왕생론주》에서는 부처님께서 인지因地 때에 보니 어떤 연약한 마음으로 발의한 보살(軟心菩薩)[34]은 단지 불국토에서 수행함에 즐거워할 뿐 견고한 자비심이 없다고 말합니다. 법장보살은 성불할 적에 국토에 있는 모든 보살이 “빠짐없이 자비롭고 용맹하며 견고한 뜻과 원으로 청정한 국토를 버리고 불법승이 없는

34) “새로 배우는 보살에는 두 종류가 있으니, 하나는 깊은 마음으로 세간의 즐거움에 집착하여 연약한 마음으로 발의한 자이고, 둘은 깊은 마음으로 발의하여 세간에 집착하지 않는 자이다. 연약한 마음으로 발의한 자는 부처님께서 발심이라 생각하지 않고, 깊은 마음으로 발의한 자는 발심이라 이름 한다.” _《대지도론》

곳인 타방세계에 가서 불법승 삼보를 주지하여 부처님이 계시듯이 시현하여 부처의 종자가 곳곳에서 끊어지지 않도록 하겠나이다.(皆慈悲勇猛堅固志願 能捨淸淨土 至他方無佛法僧處 住持莊嚴佛法僧寶 示如有佛 使佛種處處不斷)」하는 대원의 말씀을 일으켰습니다. 이것이 보살의 다함없는 공덕입니다. 극락의 보살은 각자 모두 용맹한 자비심이 있고 견고한 큰 뜻과 원을 갖추어서 청정한 국토를 버릴 수 있고 불법승이 없는 곳에 가서 주지하여 불법승 삼보를 장엄하고 부처님과 같은 모습을 시현하여 부처님의 종성이 곳곳마다 끊어지지 않도록 합니다.

불법이 없는 곳에 중생이 괴롭고 어리석어 무거운 업을 짓고 깨달음이 없을 적에 보살은 자비로워서 불법이 없는 곳으로 가서 중생을 교화하고 중생을 위해 불법의 증상연이 되니, 이 얼마나 대단합니까! 지장보살의 대원과 마찬가지로 "내가 지옥에 들어가지 않으면 누가 지옥에 들어가겠습니까(我不入地獄 誰入地獄)." 이러한 마음을 냅니다. 비록 중생을 보고서 한 사람도 제도할 수 없지만 그에게 종자를 심어주니, 이른바 "귓가에 스치기만 하여도 영원히 불도의 종자가 되리라(一歷耳根 永爲道種)." 하였습니다. 이것이야 말로 일체 대원大願 중에서 제일 대원입니다. 이것이 바로 「중생을 다 제도하겠나이다(衆生無邊誓願度)」는 대원입니다.

보살이 중생을 제도하기 위해서는 자비심이 반드시 대단히 견고해야 합니다. 아무리 많은 시달림을 당할지라도 조금도 동요가 없습니다. 중생 한 사람을 제도하기 위해서는 아무리 큰 고생을 겪을지라도 달갑게 받아들이고, 지옥에 가서 다겁 동안 지낼지라도 조금도 물러서지 않습니다. 만약 이런 견고한 자비심이 없고 단지 불국토에서만 향수하길 원하고 고달픈 곳에 가길 원하지 않으면 이는 보리도를 성취함에 있어 장애물입니다.

보원중생동생극락普願衆生同生極樂

[제3대과] 널리 중생과 함께 극락에 태어나길 원함

《왕생론》에는 총 24수의 게송이 있는데, 극락정토의 장엄을 찬탄하고, 예배禮拜·찬탄讚歎·작원作願·관찰觀察·회향迴向 등을 수습하는 오념문五念門을 밝혀 말하며, 서방에 왕생하길 권합니다. 그 가운데 21수 게송은 모두 29가지 장엄을 말하는데 이것이 「관찰문」으로, 관찰이 중요함을 알 수 있습니다. 관찰은 왜 중요합니까? 관찰은 바로 염念이고, 염이 바로 관찰입니다. 염이 마음에 진실로 있으면 나머지 다른 4문인 예경·칭찬·작원·회향이 저절로 다 갖추어집니다. 이하는 회향입니다.

《왕생론》 원생게에서 말씀하시길,

제가 논을 짓고 게송을 지어 말하오니,
원하옵건대 아미타부처님을 친견하고
널리 여러 중생과 함께
안락국토에 왕생하게 하옵소서.

我作論說偈 願見彌陀佛。普共諸衆生 往生安樂國。

「아작논설게我作論說偈 원견아미타불願見彌陀佛」

천친보살께서 《왕생론》을 왜 지으셨습니까? "아미타부처님을 친견하길 원합니다." 그는 단 하나의 원망願望만 있었습니다. 이 원은 간절하였습니다. 그는 서방극락세계에 왕생하여 아미타부처님과 가까이 지내기를 원하였습니다. 이는 개인의 공덕성취입니다. 가서 부처님을 친견하길 바란다는 이 하나의 목적만 있을 뿐이었습니다.

「보공제중생普共諸衆生 왕생안락국往生安樂國」

이는 중생에게 회향하여 널리 일체중생과 두루 원하는 것으로 단지 그의 게송을 듣고 《왕생론》을 독송하여 믿고 발원하여 가르침대로 받들어 행할 수 있으면, 모두 공동으로 서방극락세계로 왕생할 수 있습니다. 《왕생론주》에서 말씀하시길, "이 4구는 논주의 회향문입니다. 회향이란 공덕을 돌려서 널리 중생에게 베풀어 함께 아미타여래를 친견하고 안락국토에 태어나는 것입니다(此四句 是論主迴向門。迴向者 迴己功德 普施衆生 共見阿彌陀如來 生安樂國)." 하였습니다. 천친보살께서는 이때에 이르러 그의 공덕이 비로소 원만하다고 말씀하십니다. 만약 정토에 태어나지 않고 아미타부처님을 친견하지 않는다면 그의 공덕은 원만할 수 없습니다.

이로써 무량수경 장구에 근거하여
제가 게송을 지어
모두 말해 마치옵니다.

無量壽修多羅章句 我以偈頌總說竟。

이는 《왕생론》 말후의 총결總結입니다. 여기서 「장구章句」는 《무량수경》 전부의 경문을 말합니다. 천친보살께서는 24수의 게송으로 총괄하여 말씀해 마치고, 원만히 말씀하셨습니다.

맺음말

극락세계에는 불토공덕성취 · 불공덕성취 · 보살공덕성취의 세 가지 장엄이 있습니다. 이 세 가지는 원심장엄을 성취하니 바로 아미타부처님 48대원으로 귀일합니다. 일법구로 간략히 말하면 이 일법구는 바로 《왕생론》에서 말하는 「청정구清淨句」입니다. 청정구란 무엇인가? 하면 천친보살께서 「진실지혜眞實智慧이며 무위법신無爲法身」이라고 잘 말씀하셨습니다. 정종의 대덕들은 이 청정구 또한 「나무아미타불」로 귀일시켰습니다. **한마디 부처님 명호가 청정구이자 진실지혜이고, 무위법신입니다.** 이는 서방정토에 왕생하려면 청정심을 닦아야 한다고 설명합니다. 즉 마음이 청정하면 국토가 청정합니다.

「아미타불」 이 한마디 명호는 또한 시방삼세 일체제불의 공통적인 명호로 이 넉자는 무량각無量覺이라 번역됩니다. 무량각은 자성의 덕호德號이고, 아미타불을 염함은 바로 자성을 염함입니다. 그래서 한마디 아미타불을 염함은 자성본체의 음성으로 공덕이 무량무변하니, 불가사의합니다!

천친보살께서 지으신 《왕생론》은 우리를 도와 이번 생에 염불하면 성취하는 바가 있어 극락세계에 왕생하게 할 수 있습니다. 우리는 은혜에 감사할 줄 알아야 하고, 진성심眞誠心·공경심恭敬心으로 학습할 줄 알아야 비로소 경계에 계입契入할 수 있고, 비로소 정종에 대해 진정으로 환희심을 낼 수 있고 신심과 원심을 낼 수 있습니다. 착실히 염불하길 바라는 목적이 여기에 있습니다.

서방보살은 시방무량찰토의 중생이 염불왕생하여 간 극락의 보살입니다. 시방찰토에는 당연히 우리가 사는 이 세계도 그 안에 포함됩니다. 단지 왕생을 구하고 발원하기만 한 사람은 모두 아미타부처님과 인연이 있습니다. 왕생한 사람은 차별이 매우 큰데, 최고 높게는 등각보살이 있고 가장 아래는 무간지옥 중생이 있습니다. 이러한 사람들은 전부 아미타부처님과 인연이 있습니다. 인연이 있다 함은 어떤 모양입니까? 극락세계가 있고, 아미타불이 계심을 진정으로 믿어서 의심이 없고 굳건한 심심이 있음을 뜻합니다. 진실로 믿으면 반드시 이 세계 모든 일체 오염을 전부 내려놓습니다. 왜냐하면 극락은 청정국토로 조금도 오염이 없기 때문입니다. 이것이 첫 번째 조건입니다.

두 번째 조건은 극락세계에 진실로 왕생하고 싶어야 합니다. 이 조건은 대단히 중요합니다. 믿고서 가고 싶지 않으면 여진히 갈 수 없습니다.

셋째 조건은 일향으로 아미타불을 전념하여야 합니다. 서방극락세계에 왕생하는 품위의 높고 낮음은 완전히 염불공부의 깊이에 달려있습니다. 염불공부는 정종에서 말하는 일심불란一心不亂으로 사일심事一心이 있고 이일심理一心이 있습니다. 사일심불란事一心不亂이면 왕생이 자재합니다. 말하자면 우리가 염불하는 마음이 진성인지 아닌지가 왕생의 범위와 관계합니다.

요컨대 정토법문은 누구나 쉽게 수행할 수 있는 이행도易行道로 전혀 어렵지 않습니다. 문제는 오로지 진실한 믿음과 간절한 발원에 있습니다. 진실로 믿고 진실로 가고 싶어 하며 진실로 기꺼이 염불하기만 하면 왕생조건이 다 갖추어집니다.

이러한 이理와 사事는 《무량수경》에서 대단히 똑똑히 말씀하고 있습니다. 진지하게 독송하고, 진지하게 학습해야 합니다. 이것이 우리가 이번 생에서 제일로 큰일입니다. 항상 생각해야 하고, 이번 생에 결정코 극락세계에 가서 부처가 되어 더 이상 육도윤회를 하지 말아야 합니다. 이런 생각이 있고 이런 생각을 잊지 말아야 힘이 생깁니다! 원이 힘으로 변해야 우리를 도와 생사를 결론맺고 삼계를 벗어난 정토에 태어나 보리를 증득할 수 있습니다.

아미타불 48대원과 관경 16관

무량수경 48대원

정토십요淨土十要

수隋 혜원慧遠 대사, 무량수경소

아미타부처님께서는 세자재왕불 때에 대국왕이 되었다. 부처님의 설법을 듣고는 기쁜 마음으로 도의道意를 발하여 나라를 버리고 왕위를 내어 놓고 출가하여 사문이 되었는데, 명호를 법장이라 하였다.

阿彌陀佛 於世自在王佛時 作大國王。聞佛說法 心懷悅豫 尋發道意 棄國捐王 行作沙門 號日法藏。

다시 부처님 전에 나아가 뵙고, 부처님 발에 예를 올리고 오른쪽으로 돌고서 무릎 꿇고 합장하며, 게송으로 부처님을 찬탄하였다. 게송으로 찬탄하여 마치고서 부처님께 아뢰길,

復詣佛前 禮足右繞 長跪合掌 以頌贊佛。頌贊已畢 而白佛言

"제가 위없는 정각의 마음을 발하였으니 원하옵건대 부처님께서 저를 위해 제불여래의 정토행을 자세히 설명하여 주옵소서. 제가 이를 듣고 나서 마땅히 설한대로 수행하여 발원한 바를 원만하게 이루겠나이다."

我發無上正覺之心 願佛爲我敷演諸佛如來淨土之行。我聞此已 當如說修行 成滿所願。

이때 세자재왕불께서 법장의 덕행이 고상하고 지혜가 밝으며 뜻과 원이 광대함을 아시고, 곧 그를 위해 210억 제불 찰토, 천인의 선과 악, 국토의 조악함과 미묘함을 광설하시고 그의 심원에 응하여 빠짐없이 그것을 나타내 보여주셨다.

時世自在王佛 知其高明 志願廣大 即爲廣說二百一十億諸佛刹土 天人善惡 國土粗妙 應其心願 悉現與之。

법장 비구는 그 마음에 하나로 즉하여 오겁 동안 구족하여 사유하고 공덕을 수습하였느니라. 이와 같이 닦고 나서 다시 부처님께 여쭙기를, "저는 이미 불국토를 장엄하는 청정한 행을 섭취하였나이다."

法藏即一其心 具足五劫 思惟修習。如是修已 復白佛言 我已攝取莊嚴佛土清淨之行。

부처님께서 법장 비구에게 이르시길, "그대는 지금 설하여 대중을 기쁘게 할 수 있도다." 비구는 부처님께 아뢰길, "오직 대자비를 드리우시어 듣고 살피소서. 저가 발원한 바와 같이 마땅히 자세히 설하겠나이다."

佛告比丘 汝今可說 悅可大衆。比丘白佛 唯垂聽察 如我所願 當具說之。

이에 법장 비구는 48대원을 발하였다. 이 발원 하나하나는 모두 아미타부처님 서방정토를 세운 최초의 연기가 됩니다. 염불하여 왕생하길 구하는 사람이 알지 않으면 아니 되기에 이에 부록으로 삼습니다.

於是發此四十八願。此一一願 皆爲阿彌陀佛西方淨土之最初緣起。念佛求生之士 不可不知 故爲附錄於此。

이하부터 경전에 실린 정설의 문인데 이 중에 48원이 들어있다. 뜻의 요체(義要)는 단 세 가지이고 문별(文別)은 일곱 가지이다.

下正說之。於中合有四十八願。義要唯三。文別有七。

세 가지 뜻의 요체는 첫째 법신을 섭취하는 발원(攝法身願) 둘째 정토를 섭취하는 발원(攝淨土願) 셋째 중생을 섭취하는 발원(攝衆生願)으로, 48원중 12원, 13원, 17원이 법신을 섭취하고, 31원과 32원은 정토를 섭취하며, 나머지 43원은 중생을 섭취한다.

義要三者。一攝法身願。二攝淨土願。三攝衆生願。四十八中。十二。十三。及第十七。是攝法身。第三十一。第三十二。是攝淨土。餘四十三。

일곱 가지 문별은 처음 11개 원(제1문)은 중생을 섭취하고, 다음 2개 원은 제2문으로 법신을 섭취하고, 다음 3개 원은 제3문으로 거듭 중생을 섭취하고, 다음 1가지 원은 제4문으로 거듭 법신을 섭취하고, 다음 13개 원은 제5문으로 중생을 섭취하고, 다음 2개 원은 제6문으로 정토를 섭취하고 ,나머지 16개 원은 거듭 중생을 섭취한다.

是攝衆生。文別七者。初十一願。爲攝衆生。次有兩願。是其第二。爲攝法身。次有三願。是其第三。重攝衆生。次有一願。是其一願是第四。重攝法身。次有十三。是其第五。爲攝衆生。次有兩願。是其第六。爲攝淨土。下有十六是其第七。重攝衆生。

제1문 : 중생을 섭취함

처음 2개 원에서는 괴로움이 없는 곳(無苦)에 왕생하길 발원하고, 뒤의 9개 원에서는 즐거움을 얻는 곳(得樂)에 왕생하길 발원한다.

就段中 初有兩願 願生無苦。後之九願 願生得樂。

괴로움이 없음에는 제1원에서 먼저 그 자신의 국토에 괴로움이 없기를 발원하고, 제2원에서 임종 후에 타국에서 괴로움을 받지 않기를 발원한다. 이들 2개의 원에서는 괴로움이 없는 곳에 태어나길 발원한다.

無苦中 初一願其自國無苦。後之一願 願己國中有衆生命終 不向他國受苦。此之兩願 願生無苦。

뒤의 9개 발원은 즐거움을 얻는 곳에 태어나길 발원한다. 처음 2개의 발원은 몸이 즐거운 곳(身樂)에 태어나길 발원하고, 뒤의 7개의 원은 마음이 즐거운 곳(心樂)에 태어나길 발원한다. 마음에는 5원통이 각각 구별되어 1개의 원이 되고, 누진통은 2개의 원으로 구분되어 7개의 원이 있다.

後九願生得樂之中 初之兩願 願生身樂。後之七願 願生心樂。心中五通各別爲一 漏盡分二 故有七願。

제1 국무악도원願國無惡道願

제가 부처가 될 적에 저의 국토에 지옥 아귀 축생이 있다면 정각을 이루지 않겠나이다.

設我得佛 國有地獄 餓鬼 畜生者 不取正覺。

제2 불갱악도원不更惡道願

제가 부처가 될 적에 저의 국토중 천인이 목숨을 마친 후 다시 삼악도에 떨어진다면 정각을 이루지 않겠나이다.

設我得佛 國中天人壽終之後 復更三惡道者 不取正覺。

제3 동진금색원同眞金色願

제가 부처가 될 적에 저의 국토 중 천인이 모두 진금색이 아니라면 정각을 이루지 않겠나이다.

設我得佛 國中天人 不悉眞金色者 不取正覺。

제4 형모무차원形貌無差願

제가 부처가 될 적에 저의 국토 중 천인이 그 생김새 같지 않아 아름답고 추한 차이가 있다면 정각을 이루지 않겠나이다.

設我得佛 國中天人 形色不同有好醜者 不取正覺。

제5 성취숙명원成就宿命願

제가 부처가 될 적에 저의 국토 중 천인이 전생을 기억하지 못해 과거 백천억 나유타 여러 겁의 일을 알지 못한다면 정각을 이루지 않겠나이다.

設我得佛 國中天人 不識宿命 下至知百千億那由他諸劫事者 不取正覺。

제6 생획천안원生獲天眼願

제가 부처가 될 적에 저의 국토 중 천인이 천안통을 얻지 못해 백천억 나유타 제불국토를 보지 못한다면 정각을 이루지 않겠나이다.

設我得佛 國中天人 不得天眼 下至見百千億那由他諸佛國者 不取正覺。

제7 생획천이원生獲天耳願

제가 부처가 될 적에 저의 국토 중 천인이 천이통을 얻지 못해 백천억 나유타 제불의 설법을 듣지 못하고 모두 수지하지 못한다면 정각을 이루지 않겠나이다.

設我得佛 國中天人 不得天耳 下至聞百千億那由他諸佛所說 不悉受持者 不取正覺。

제8 보지심행원普知心行願

제가 부처가 될 적에 저의 국토 중 천인이 타인의 마음을 보는 지혜를 얻지 못해 백천억 나유타 제불국토 중 중생의 마음을 알지 못한다면 정각을 이루지 않겠나이다.

設我得佛 國中天人 不得見他心智 下至知百千億那由他諸佛國中衆生心念者 不取正覺。

제9 신족초월원神足超越願

제가 부처가 될 적에 저의 국토 중 천인이 신족통을 얻지 못해 일념의 짧은 순간에 백천억 나유타의 제불국토를 지나가지 못한다면 정각을 이루지 않겠나이다.

設我得佛 國中天人 不得神足 於一念頃 下至不能超過百千億那由他諸佛國者 不取正覺。

제10 정무아상원淨無我想願

제가 부처가 될 적에 저의 국토 천인이 상념을 일으켜 몸에 대해 탐착한다면 정각을 이루지 않겠나이다.

設我得佛 國中天人 若起想念貪計身者 不取正覺。

제11 결정정각원決定正覺願

제가 부처가 될 적에 저의 국토 중 천인이 정정취正定聚에 머물지 못해 반드시 멸도에 이르지 못한다면 정각을 이루지 않겠나이다.

設我得佛 國中天人 不住定聚 必至滅度者 不取正覺。

제2문 : 법신 섭취를 밝힘

제12 광명보조원光明普照願

제가 부처가 될 적에 저의 광명이 한량이 있어, 백천억 나유타의 제불국토를 비추지 못한다면 정각을 이루지 않겠나이다.

設我得佛 光明有限量 下至不照百千億那由他諸佛國者 不取正覺。

제13 수명무궁원壽命無窮願

제가 부처가 될 적에 저의 수명이 한계가 있어 백천억 나유타 겁을 안다면 정각을 이루지 않겠나이다.

設我得佛 壽命有限量 下至知百千億那由他劫者 不取正覺。

제3문 : 중생섭취를 밝힘

제14 성문무수원聲聞無數願

제가 부처가 될 적에 저의 국토 중 성문의 수를 계량할 수 있어 삼천대천세계 중생이 모두 연각을 이루어 빠짐없이 백천 겁 동안 그 수를 헤아려서 안다면 정각을 이루지 않겠나이다.

設我得佛 國中聲聞 有能計量 乃至三千大千世界衆生 悉成緣覺 於百千劫 悉共計校知其數者 不取正覺。

제15 중생장수원衆生長壽願

제가 부처가 될 적에 저의 국토 중 천인의 수명이 한량할 수 없습니다. 단 그들이 중생제도의 본원에 따라 수명을 짧게 자재하게 닦음은 제외될 것이옵니다. 그렇지 않다면 정각을 이루지 않겠나이다.

設我得佛 國中天人 壽命無能限量 除其本願 修短自在。若不爾者 不取正覺。

제16 개획선명원皆獲善名願

제가 부처가 될 적에 저의 국토 중 천인이 내지 착하지 않은 이름이 있어 듣는다면 정각을 이루지 않겠나이다.

設我得佛 國中天人 乃至聞有不善名者 不取正覺。.

제4문 : 법신섭취를 밝힘

제17 제불칭찬원諸佛稱讚願

제가 부처가 될 적에 시방세계 무량제불이 모두 저의 이름을 찬탄 칭양하지 않는다면 정각을 이루지 않겠나이다.

設我得佛 十方世界無量諸佛 不悉諮嗟稱我名者 不取正覺。

제5문 : 중생섭취를 밝힘

처음 3개 원은 타국 중생을 섭취하고 다음 1개 원은 자국의 중생을 섭취하며, 다음 1개 원은 타국 중생을 환섭還攝하고 뒤의 8개는 자국 중생을 환섭한다.

初三願 攝他國衆生。次一願 攝自國衆生。次一還攝他國衆生。後八還攝自國衆生。

제18원 십념왕생원十念往生願

제가 부처가 될 적에 시방세계 중생이 지극한 마음으로 믿고 좋아하여 저의 국토에 태어나고자 내지 십념에 태어나지 못한다면 정각을 이루지 않겠나이다. 다만 오역죄를 짓고 정법을 비방하면 제외될 것이옵니다.

設我得佛 十方衆生 至心信樂 欲生我國 乃至十念 若不生者 不取正覺。唯除五逆 誹謗正法。

제19 임종현전원臨終現前願

제가 부처가 될 적에 시방세계 중생이 보리심을 발하여 여러 공덕을 닦고 지극한 마음을 발원하여 저의 국토에 왕생하고자 하여 임종 시에 대중에게 둘러싸여 그 사람 앞에 나타나지 않는다면 정각을 이루지 않겠나이다.

設我得佛 十方衆生 發菩提心 修諸功德 至心發願 欲生我國 臨壽終時 假令不與大衆圍繞現其人前者 不取正覺。

제20 회향개생원廻向皆生願

제가 부처가 될 적에 시방세계 중생이 저의 명호를 듣고 저의 국토에 계념하며 여러 공덕의 근본을 심고 지극한 마음으로 회향하여 저의 국토에 태어나고자 하나 마침내 이루지 못한다면 정각을 이루지 않겠나이다.

設我得佛 十方衆生 聞我名號 繫念我國 植諸德本 至心迴向 欲生我國

不果遂者 不取正覺。

제21 구족묘상원具足妙相願

제가 부처가 될 적에 저의 국토 중 천인이 모두 32종의 대인 상호를 원만히 이루지 못한다면 정각을 이루지 않겠나이다.

設我得佛 國中天人 不悉成滿三十二大人相者 不取正覺。

제22 함계보처원咸階補處願

제가 부처가 될 적에 타방 불토의 여러 보살중이 저의 국토에 태어나면 구경에 반드시 일생보처에 이르게 될 것입니다. 다만 그들의 중생제도 본원에 따라 자재하게 화현하면 제외될 것입니다. 그들은 중생을 위한 까닭에 사홍서원의 갑옷을 입고 공덕의 근본을 쌓아 일체중생을 제도 해탈시키고, 여러 불국토에 노닐면서 보살행을 닦고 시방세계 제불여래에게 공양하며 항하사 무량중생을 교화하여 위없는 바르고 진실한 도를 세우게 하며 통상적인 여러 지위의 행을 뛰어넘어 현전에서 보현보살의 덕을 수습합니다. 그렇지 않다면 정각을 이루지 않겠나이다.

設我得佛 他方佛土諸菩薩衆 來生我國 究竟必至一生補處。除其本願 自在所化。爲衆生故 被弘誓鎧 積累德本 度脫一切 遊諸佛國 修菩薩行 供養十方諸佛如來。開化恆沙無量衆生 使立無上正眞之道 超出常倫 諸地之行 現前修習普賢之德。若不爾者 不取正覺。

제23 신공타방원晨供他方願

제가 부처가 될 적에 저의 국토 중 보살들이 부처님의 위신력을 입어 밥 한 끼 먹는 짧은 시간에 무량무수한 나유타 여러 불국토에 두루 다니면서 제불께 공양할 수 없다면 정각을 이루지 않겠나이다.

設我得佛 國中菩薩 承佛神力 供養諸佛 一食之頃 不能遍至無量 無數億那由他諸佛國者 不取正覺。

제24 소수만족원所須滿足願

제가 부처가 될 적에 저의 국토 중 보살이 제불 앞에서 그 공덕의 근본을 나타내고자 필요한 여러 공양물을 마음대로 나타나지 못한다면 정각을 이루지 않겠나이다.

設我得佛 國中菩薩 在諸佛前 現其德本 諸所求欲供養之具 若不如意者 不取正覺。

제25 선인본지원善人本智願

제가 부처가 될 적에 저의 국토 중 보살이 일체지혜를 연설할 수 없다면 정각을 이루지 않겠나이다.

設我得佛 國中菩薩 不能演說一切智者 不取正覺。

제26 나라연력원那羅延力願

제가 부처가 될 적에 저의 국토 중 보살이 금강나라연신을 얻지 못한다면 정각을 이루지 않겠나이다.

設我得佛 國中菩薩 不得金剛那羅延身者 不取正覺。

제27 장엄무량원莊嚴無量願

제가 부처가 될 적에 저의 국토 중 천인과 일체 만물이 장엄·청정하고, 빛나고 화려하며 형상과 빛깔이 수승하고 특별하며, 미세함이 궁진하고 미묘함이 지극하여 말할 수도 없고 헤아릴 수도 없도록 하겠나이다. 그 여러 중생이 내지 천안을 체득하여 능히 명료하게 이름과 수량을 분별할 수 있다면 정각을 이루지 않겠나이다.

設我得佛 國中天人 一切萬物 嚴淨光麗 形色殊特 窮微極妙 無能稱量。其諸衆生 乃至逮得天眼 有能明了 辨其名數者 不取正覺。

제28 보수실지원寶樹悉知願

제가 부처가 될 적에 저의 국토 중 보살 내지 공덕이 적은 이들이 그 도량의 나무가 무량한 광색이고 높이가 4백만 리나 됨을 알고 볼 수 없다면 정각을 이루지 않겠나이다.

設我得佛 國中菩薩 乃至少功德者 不能知見其道場樹無量光色 高四百萬里者 不取正覺。

제29 획승변재원獲勝辯才願

제가 부처가 될 적에 저의 국토 중 보살이 경전과 법문을 받아서 독송하고 외우고 지녀서 설하여 변재와 지혜를 얻을 수 없다면 정각을 이루지 않겠나이다.

設我得佛 國中菩薩 若受讀經法 諷誦持說 而不得辯才智慧者 不取正覺。

제30 대변무변원大辯無邊願

제가 부처가 될 적에 저의 국토 중 보살이 지혜와 변재가 한량이 있다면 정각을 이루지 않겠나이다.

設我得佛 國中菩薩 智慧辯才若可限量者 不取正覺。

제6문 : 정토섭취를 밝힘

31. 국정보조원國淨普照願

제가 부처가 될 적에 저의 국토가 청정하여 모두 시방 일체 무량무수 불가사의한 제불세계를 빠짐없이 비추어 보아 마치 맑은 거울에 그 얼굴을 보는 것과 같게 하겠나이다. 그렇지 않다면 정각을 이루지 않겠나이다.

設我得佛 國土淸淨 皆悉照見十方一切無量無數不可思議諸佛世界 猶如明鏡 覩其面像。若不爾者 不取正覺。

제32 무량승향원無量勝香願

제가 부처가 될 적에 땅으로부터 허공에 이르기까지 궁전과 누각, 흐르는 물과 꽃나무 등 국토의 모든 일체만물이 모두 무량한 여러 보배와 백천 종의 향으로 함께 합쳐서 이루어지고, 장엄하고 기묘함이 제천과 인간계를 뛰어넘으며, 그 향기가 시방세계에 두루 배여서 보살들이 이를 맡으면 모두 부처님 행을 닦도록 하겠나이다. 그렇지 않다면 정각을 이루지 않겠나이다.

設我得佛 自地以上 至於虛空 宮殿樓觀 池流華樹 國土所有一切萬物 皆以無量雜寶百千種香而共合成。嚴飾奇妙 超諸天人。其香普薰十方世界。菩薩聞者 皆修佛行。若不爾者 不取正覺。

제33 몽광안락원蒙光安樂願

제가 부처가 될 적에 시방 무량 불가사의한 제불세계의 중생부류에게 저의 광명이 그 몸에 닿으면 몸과 마음이 부드러워져 제천과 인간을 뛰어넘게 하겠나이다. 그렇지 않다면 정각을 이루지 않겠나이다.

設我得佛 十方無量不可思議諸佛世界衆生之類 蒙我光明觸其身者 身心柔軟 超過天人。若不爾者 不取正覺。

제7문 : 중생섭취를 밝힘

처음 5개 원은 타국중생을 섭취하고 다음 3개 원은 자국 중생을 섭취하며, 다음 5개 원은 타국중생을 환섭하고 다음 1개 원은 자국중생을 환섭하며, 뒤 2개 원을 다시 타국중생을 섭취한다.

初五攝取他國衆生。次三攝取自國衆生。次五還攝他國衆生 次一還攝自國衆生。後二復攝他國衆生。

제34 성취총지원成就總持願

제가 부처가 될 적에 시방 무량 불가사의한 제불세계의 중생부류가 저의 이름을 듣고 보살의 무생법인과 여러 깊은 총지를 얻지 못한다면 정각을 이루지 않겠나이다.

設我得佛 十方無量不可思議諸佛世界衆生之類 聞我名字 不得菩薩無生法忍 諸深總持者 不取正覺。

제35 영리여신원永離女身願

제가 부처가 될 적에 시방에 무량하고 불가사의한 제불세계에 여인이 있어 저의 이름을 듣고 환희심을 내어 믿고 좋아하여 보리심을 발하고 여자의 몸을 싫어하면 목숨을 마친 후 다시 여자의 형상이 된다면 정각을 이루지 않겠나이다.

設我得佛 十方無量不可思議諸佛世界 其有女人 聞我名字 歡喜信樂 發菩提心 厭惡女身 壽終之後 復爲女像者 不取正覺。

제36 문명지과원聞名至果願

제가 부처가 될 적에 시방 무량 불가사의한 제불세계의 여러 보살중이 저의 이름을 듣고 목숨을 마친 후 항상 범행을 닦아 불도를 이루도록 하겠나이다. 그렇지 않다면 정각을 이루지 않겠나이다.

設我得佛 十方無量不可思議諸佛世界諸菩薩衆 聞我名字 壽終之後 常修梵行 至成佛道。若不爾者 不取正覺。

제37 천인경례원天人敬禮願

제가 부처가 될 적에 시방 무량 불가사의한 제불세계의 제천인민들이 저의 이름을 듣고 오체투지하며 머리 조아려 예배드리고 환희심에 믿고 좋아하며 보살행을 닦고 제천 세인이 공경하지 않음이 없도록 하겠나이다. 그렇지 않다면 차라리 정각을 이루지 않게 하소서.

設我得佛 十方無量不可思議諸佛世界諸天人民 聞我名字 五體投地 稽首作禮 歡喜信樂 修菩薩行 諸天世人 莫不致敬。若不爾者 不取正覺。

제38 수의수염원須衣隨念願

제가 부처가 될 적에 저의 국토 중 천인이 의복을 얻고자 하면 생각에 따라 곧 이르고, 부처님께서 찬탄하는 법다운 미묘한 의복이 저절로 몸에 입혀지는 것과 같게 하겠나이다. 만약 바느질

하거나 물들이고 고치거나 세탁해야 한다면 정각을 이루지 않겠나이다.

設我得佛 國中天人 欲得衣服 隨念即至 如佛所讚應法妙服 自然在身。若有裁縫 染治 浣濯者 不取正覺。

제39 재생심정원纔生心淨願

제가 부처가 될 적에 저의 국토 중 천인이 누리는 즐거움이 누진비구(아라한)와 같지 않다면 정각을 이루지 않겠나이다.

設我得佛 國中天人 所受快樂 不如漏盡比丘者 不取正覺。

제40 수현불찰원樹現佛刹願

제가 부처가 될 적에 저의 국토 중 보살이 뜻에 따라 시방의 무량 장엄 청정한 불국토를 보고자 한다면 감응할 때 원하는 대로 보배 나무 가운데 빠짐없이 비추어 보아 맑은 거울에 그 얼굴을 보는 것과 같게 하겠나이다. 그렇지 않다면 정각을 이루지 않겠나이다.

設我得佛 國中菩薩 隨意欲見十方無量嚴淨佛土 應時如願 於寶樹中 皆悉照見 猶如明鏡 覩其面像。若不爾者 不取正覺。

제41 무제근결원無諸根缺願

제가 부처가 될 적에 타방 국토의 여러 보살중이 저의 이름을 듣고 부처가 될 때까지 여러 근에 결함이 있어 구족하지 못한다면 정각을 이루지 않겠나이다.

設我得佛 他方國土諸菩薩衆 聞我名字 至於得佛 諸根缺陋不具足者 不取正覺。

제42 현증등지원現證等持願

제가 부처가 될 적에 타방 국토의 여러 보살중이 저의 이름을 듣고 빠짐없이 청정해탈삼매를 체득하고 이 삼매에 머물러 한생각하는 짧은 순간에 무량 불가사의한 제불세존께 공양할 수 있고 그동안에 선정을 잃지 않도록 하겠나이다. 그렇지 않다면 정각을 이루지 않겠나이다.

設我得佛 他方國土諸菩薩衆 聞我名字 皆悉逮得清淨解脫三昧 住是三昧 一發意頃 供養無量不可思議諸佛世尊 而不失定意。若不爾者 不取正覺。

제43 문생호귀원聞生豪貴願

제가 부처가 될 적에 타방 국토의 여러 보살중이 저의 이름을 듣고 목숨을 마친 후 존귀한 집에 태어나게 하겠나이다. 그렇지 않다면 정각을 이루지 않겠나이다.

設我得佛 他方國土諸菩薩衆 聞我名字 壽終之後 生尊貴家。若不爾者不取正覺。

제44 구족선근원具足善根願

제가 부처가 될 적에 타방 국토의 여러 보살중이 저의 이름을 듣고 뛸 듯이 기뻐하며 보살행을 닦고 공덕의 근본을 갖추도록 하겠나이다. 그렇지 않다면 정각을 이루지 않겠나이다.

設我得佛 他方國土諸菩薩衆 聞我名字 歡喜踴躍 修菩薩行 具足德本。若不爾者 不取正覺。

제45 공불견고원供佛堅固願

제가 부처가 될 적에 타방 국토의 여러 보살중이 저의 이름을 듣고 빠짐없이 보등삼매를 체득하며 이 삼매에 머물러서 성불할 때까지 항상 무량 불가사의한 일체제불을 친견하도록 하겠나이다. 그렇지 않다면 정각을 이루지 않겠나이다.

設我得佛 他方國土諸菩薩衆 聞我名字 皆悉逮得普等三昧。住是三昧 至於成佛 常見無量不可思議一切諸佛。若不爾者 不取正覺。

제46 욕문자문원欲聞自聞願

제가 부처가 될 적에 저의 국토중 보살은 그 뜻과 원에 따라 듣고자 하는 법문을 저절로 들을 수 있게 하겠나이다. 그렇지 않다면 정각을 이루지 않겠나이다.

設我得佛 國中菩薩 隨其志願所欲聞法 自然得聞。若不爾者 不取正覺。

제47 보리무퇴원菩提無退願

제가 부처가 될 적에 타방국토의 여러 보살중이 저의 이름을 듣고 곧 불퇴전에 이를 수 없다면 정각을 이루지 않겠나이다.

設我得佛 他方國土諸菩薩衆 聞我名字 不即得至不退轉者 不取正覺。

제48 현획인지원現獲忍地願

제가 부처가 될 적에 타방국토의 여러 보살중이 저의 이름을 듣고 곧 제일 유향인과 제이 유순인, 제삼 무생법인에 이를 수 없거나 여러 불법에 즉 불퇴전을 얻을 수 없다면 정각을 이루지 않겠나이다.

設我得佛 他方國土諸菩薩衆 聞我名字 不即得至第一忍 第二第三法忍 於諸佛法不能即得不退轉者 不取正覺。

부처님께서 아난에게 말씀하시기를, "이때 법장 비구는 이 서원을 말하고 게송으로 노래하였느니라."

佛告阿難 爾時法藏比丘說此願已 以偈頌曰。

저는 일체세간 뛰어넘는 원 세웠으니
반드시 위없는 불도를 이루겠나이다.
이 서원을 만족히 이루지 못한다면
정각을 성취하지 않겠나이다.

我建超世願　必至無上道　斯願不滿足　誓不成等覺。

저는 무량겁을 지내면서
중생의 대시주가 되어서
여러 궁한 자, 고생하는 자
두루 구제하지 못한다면
정각을 성취하지 않겠나이다.

我於無量劫　不爲大施主　普濟諸貧苦　誓不成等覺。

저는 불도를 이루어
그 명성이 시방세계를 뛰어넘어
구경에 듣지 못하는 이가 있다면
정각을 성취하지 않겠나이다.

我至成佛道　名聲超十方　究竟靡所聞　誓不成等覺。

탐욕을 여의고 깊은 정념에 들어
청정한 지혜로써 범행을 닦고

뜻을 세워 무상존을 구하여
제천 · 인간의 스승이 되도록 하겠나이다.

離欲深正念 淨慧修梵行 志求無上尊 爲諸天人師。

위신력으로 큰 광명을 펼쳐서
끝없는 국토에 두루 비추어서
삼독의 어두움을 소멸시키고
밝은 지혜로 온갖 액난 구제하겠나이다.

神力演大光 普照無際土 消除三垢冥 明濟衆厄難。

저들이 갖춘 지혜의 눈 열어주고
저 번뇌의 어두움을 소멸시켜서
일체 악도의 문을 닫아 막고,
선취의 문을 활짝 열어 주도록 하겠나이다.

開彼智慧眼 滅此昏盲暗 閉塞諸惡道 通達善趣門。

공덕과 복덕 만족하게 이루고
거룩한 빛 시방세계 널리 비추니
해와 달 오히려 밝은 빛 거두고
천상 광명도 숨어 나타나지 않나이다.

功祚成滿足 威曜朗十方 日月戢重暉 天光隱不現。

중생을 위해 법장을 열고
공덕의 보배 널리 베풀어
항상 대중 가운데
사자후처럼 설법하도록 하겠나이다.

爲衆開法藏 廣施功德寶 常於大衆中 說法師子吼。

일체 제불에게 공양하여
온갖 덕의 근본을 구족하며
서원과 지혜를 모두 만족히 이루어
삼계의 영웅이 되도록 하겠나이다.

供養一切佛 具足衆德本 願慧悉成滿 得爲三界雄。

부처님처럼 걸림없는 지혜
통달하여 비추지 않음이 없나이다.
원하옵건대 저의 공덕력이
최승존과 같아지게 하옵소서.

如佛無礙智 通達靡不照 願我功德力 等此最勝尊。

이 서원을 원만히 성취해내면
삼천대천세계 제불성중이 마땅히 감동하고,
허공에서는 제천의 선신 · 호법신들이 환희하며,

진기하고 미묘한 하늘 꽃을 비오듯 내리오리다.

斯願若克果 大千應感動 虛空諸天神 當雨珍妙華。

부처님께서 아난에게 말씀하시기를, "법장 비구가 이 게송을 읊고 나자, 이때 상스러운 감응이 있어 두루 대지가 6종으로 진동하였고, 하늘에서는 미묘한 꽃이 비 오듯 내려와 법회가 열리는 상공 위로 흩날렸으며, 공중에서 저절로 음악이 울리면서 찬탄하여 말하기를, 「법장 비구는 반드시 무상정각을 성취하리라.」"

佛語阿難 法藏比丘說此頌已 應時普地六種震動。天雨妙華以散其上。自然音樂空中贊言。決定必成無上正覺。

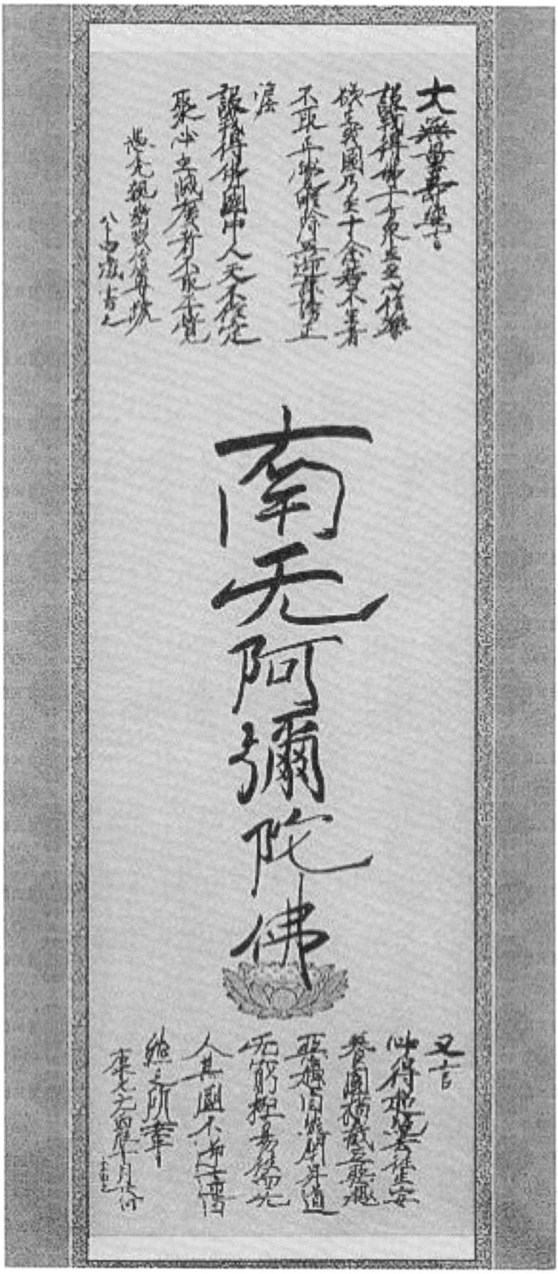

신란대사 친필(제18원, 제11원)

관경 16관[35)]

제1 일상관日想觀: 지는 해를 보며 북 같다 관상하다

지는 해 매달린 북같아, 생사를 벗어나는 길
하루 종일 24시, 생각을 한곳에 매어둘지라

제2 수상관水想觀: 큰 물이 얼었다 관상하다

맑고 투명한 큰물이 얼어붙어 얼음이 맺히고
유리보배 땅이 드러나 안팎이 막힘없이 비추네

제3 지상관地想觀: 유리보배의 땅을 관상하다

극락세계 유리보배 땅 위에 갖가지 상으로 장엄함을
또렷이 분명히 보면 의심 제거되고 장애 깨어지네

제4 보수관寶樹觀 : 일곱겹으로 줄지어 선 보배나무를 관상하라

일곱겹 줄지어 늘어선 나무 위 구슬, 그물, 꽃의 궁전
나무아래 맑은 그늘 드리워, 미묘하고 좋음 다함 없네

---

35) 《불설관무량수불경》의 관경변상도, 철종 4년(1853) 내원암 간행

제5 지관池觀: 보배연못 팔공덕수를 관상하다

보배연못 팔공덕수 칠보의 미묘한 색깔 띠고
연꽃 피고 새 울어 번뇌 · 미혹 말끔히 씻어주네

제6 총관總觀: 극락의 의보장엄을 총체적으로 관상하다

보배누각에서 하늘음악 연주하여 불법승을 찬탄하고
보배나무 · 보배땅 · 보배연못 일념에 원만히 성취하리

제7 좌관坐觀: 연꽃 보배좌대를 관상하다

큰 연꽃좌대 백 가지 보배로 장엄 · 장식되어 있어
그 미묘함 생각하기 어려우니 법장보살 원력이라

제8 상상관想像觀: 세 분 성인의 모습을 관상하다

불상 의탁하여 참모습 응축하고 참모습 본 후 불상을 잊고나니
세분 성인 불보듯 또렷하지만 아직은 거친 관상이라 이름하네

제9 진신관眞身觀: 아미타불의 진신을 관상하다

무량수불 상호 관상함 이 일경의 종요라네
염불삼매 현전할 때 깊고 미묘한 뜻 알리라

제10 관음관觀音觀: 관세음보살의 진신을 관상하다

광명이 오악도에 임하고 정수리 위 천관에 부처님 서 계시네

보살의 명호만 들어도 복을 얻는데 하물며 자세히 관함이랴

제11 세지관勢至觀: 대세지보살의 진신을 관상하다

광명이 제불과 통하여 중생의 괴로움 구제하는 힘 얻고
정수리 보병에 광명이 가득해 불국토에 널리 나타나네

제12 보관普觀: 자신이 왕생하는 모습을 두루 관상하다

연꽃에 결가부좌하여 연꽃이 닫히고 열림에
극락세계의 의정장엄 일체가 모두 섭수되네

제13 잡상관雜想觀: 서방삼성을 함께 관상하다

뛰어나도다, 연못 위에 계신 1장 6척의 불상이여
큰 몸 작은 몸 변하여 화현하니 정해진 상이 없네

제14 상배관上輩觀: 상배로 왕생함을 관상하다

상품상생上品上生

세 가지 마음 원만히 발하고, 심오한 이치 깊이 밝혀서
금강대 타고 부처님따라 왕생하여 곧 무생법인 증득하네

상품중생上品中生

제법의 공성을 요달하여 놀라거나 동요하지 않아
발원이 있으면 왕생하리니 독경하지 않아도 되네

상품하생上品下生

다만 무상보리심 발하고 아직 미묘한 이치 궁구하지 못했지만
저 국토에 이르러 심안이 밝게 열려서 보리수기를 획득하네

제15 중배관中輩觀 : 중배로 왕생함을 관상하다

중품상생中品上生

온갖 계율 오래 지키고 원대로 왕생하여
고와 공 설함 듣고 아라한과를 얻으리라

중품중생中品中生

하루 낮 하루 밤 계를 봉행하고 극락에 태어나길 발원하면
연꽃이 열려 부처님을 친견하고 즉시 수다원과를 얻는다네

중품하생中品下生

부모에게 효도하고 벗에게 인자한 이는 선지식의 계도로 깨달아
관세음 대세지 두 보살을 만나 법을 듣고 수다원과를 얻으리라

제16 하배관下輩觀 : 하배로 왕생함을 관상하다

하품상생下品上生

한평생 악업을 쌓아도 죽음에 임해 선지식을 만나서
부처님 명호를 한번 불러도 보배 연못에 태어나니라

하품중생下品中生

계를 허물고 악업이 극심하여 지옥불길이 한꺼번에 닥쳐도
법을 듣고 마음을 돌려서 온갖 성현들이 맞이하러 오노라

하품하생下品下生

십악오역을 지은 사람은 임종시 괴로움으로 핍박받아
가르침에 십념을 칭념하면 황금색 연꽃이 앞에 머무네

제1 일상관日想觀: 지는 해를 보며 북 같다 관상하다

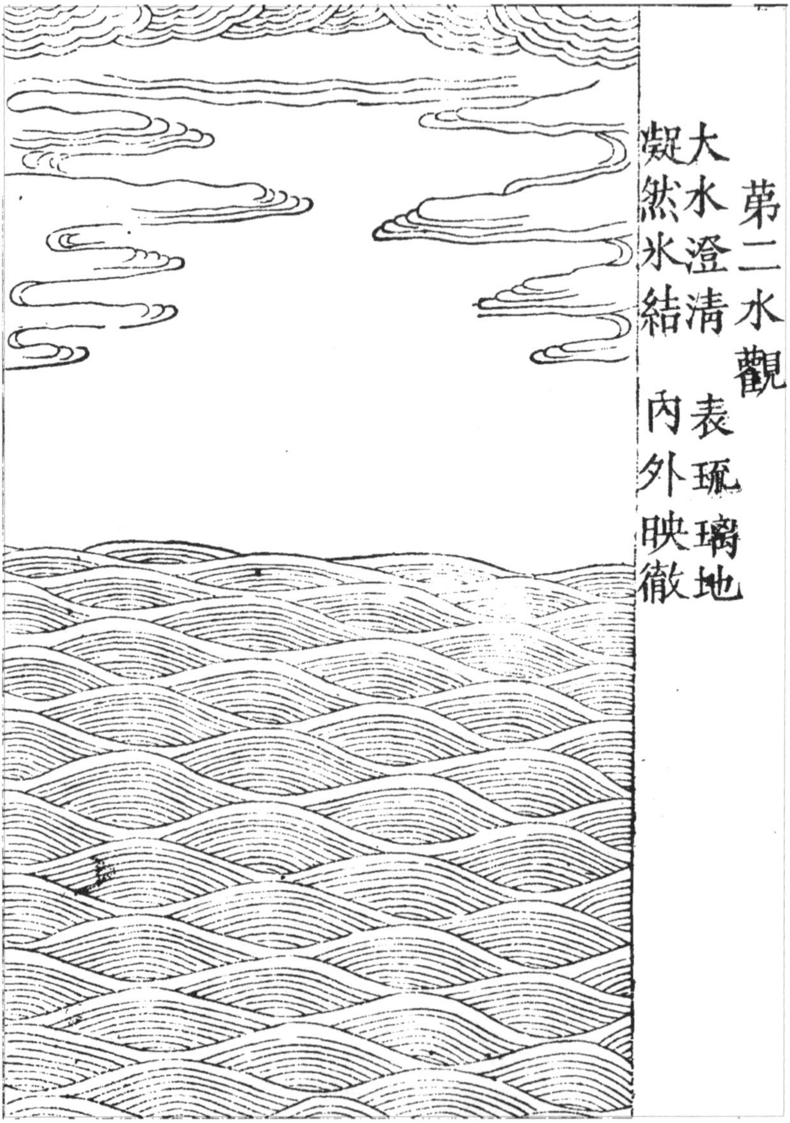

제2 수상관水想觀: 큰 물이 얼었다 관상하다

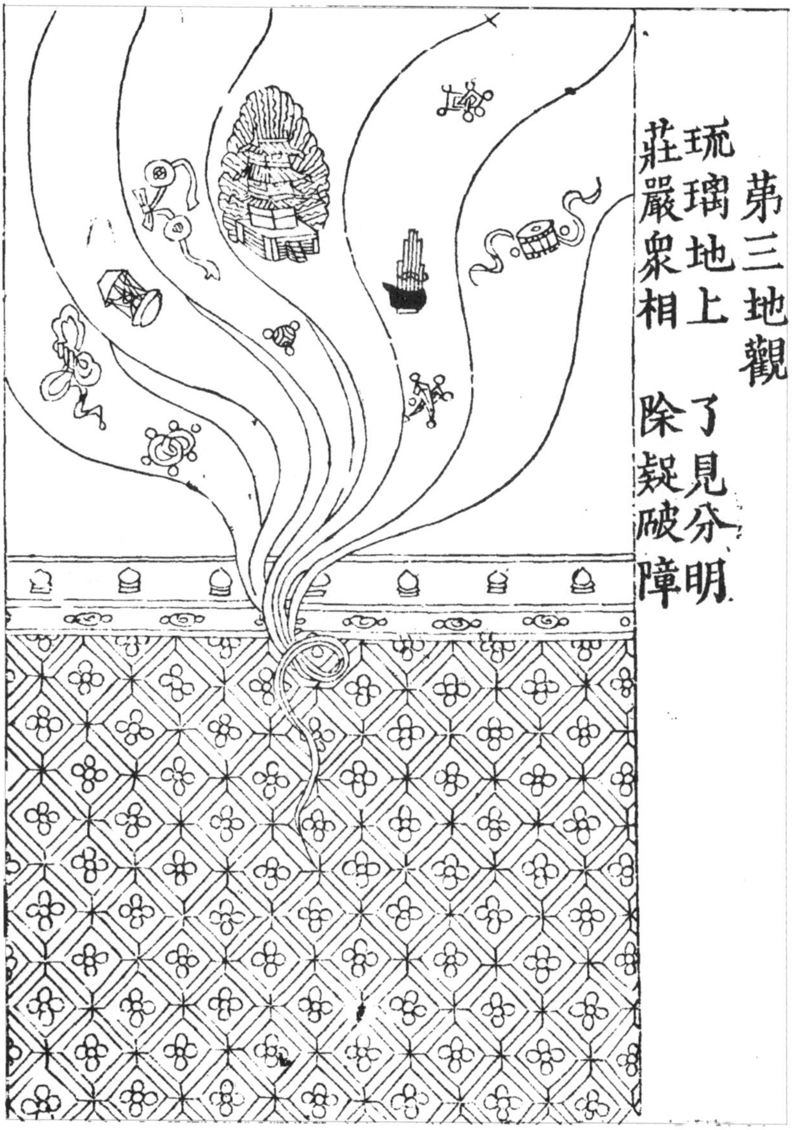

제3 지상관地想觀: 유리 보배의 땅을 관상하다

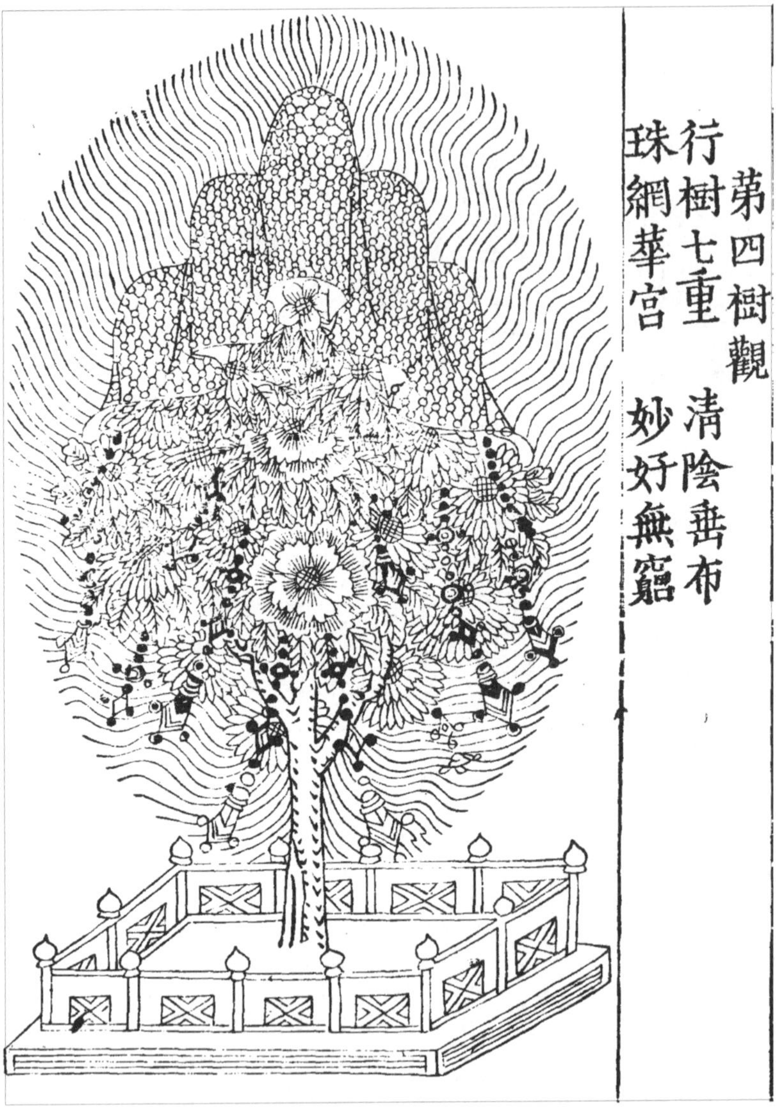

제4 보수관寶樹觀 : 일곱겹으로 줄지어 선 보배 나무를 관상하라

제5 지관池觀: 보배 연못 팔공덕수를 관상하다

제6 총관總觀: 극락의 의보장엄을 총체적으로 관상하다

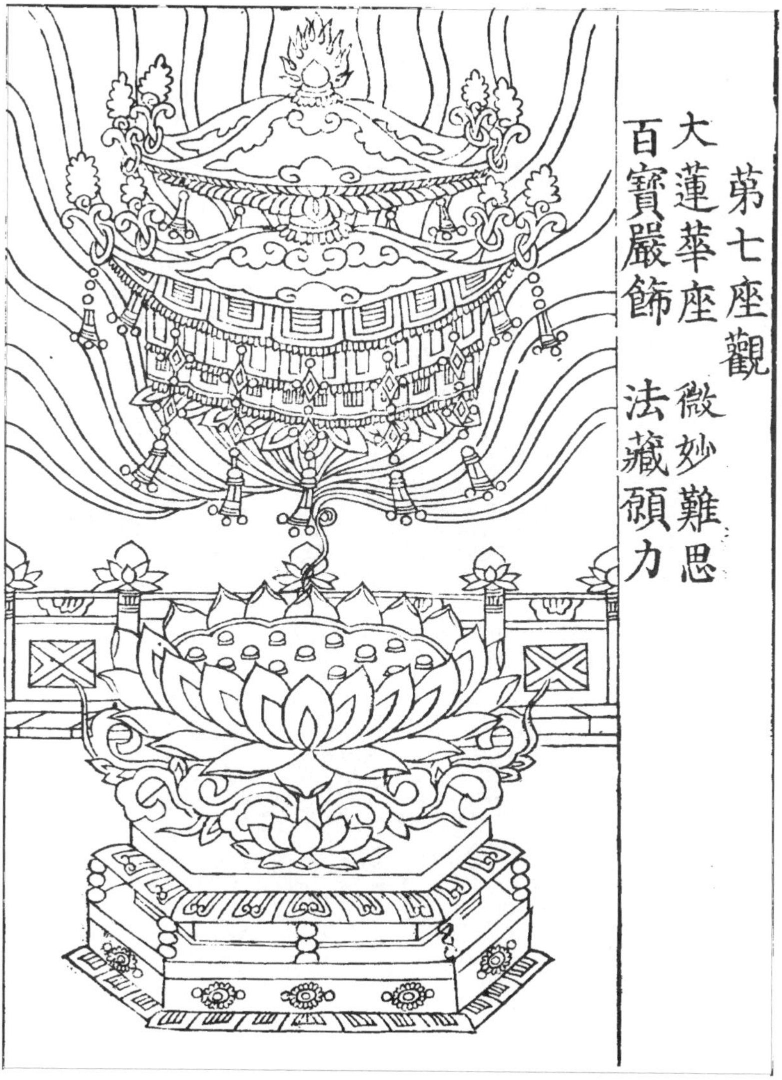

제7 좌관坐觀: 연꽃 보배좌대를 관상하다

제8 상상관想像觀: 세 분 성인(아미타불, 관음 · 대세지보살)의 모습을 관상하다

제9 진신관眞身觀: 아미타불의 진신을 관상하다

제10 관음관觀音觀: 관세음보살의 진신을 관상하다

제11 세지관勢至觀: 대세지보살의 진신을 관상하다

제12 보관普觀: 자신이 왕생하는 모습을 두루 관상하다

제13 잡상관雜想觀: 서방삼성을 함께 관상하다

상품상생上品上生
세 가지 마음 원만히 발하고, 심오한 이치 깊이 밝혀서
금강대 타고 부처님따라 왕생하여 곧 무생법인 증득하네

상품중생上品中生
제법의 공성을 요달하여 놀라거나 동요하지 않아
발원이 있으면 왕생하리니 독경하지 않아도 되네

상품하생上品下生
무상보리심 발하고 아직 미묘한 이치 궁구하지 못했지만
저 국토에 이르러 심안 밝게 열려 보리수기를 획득하네

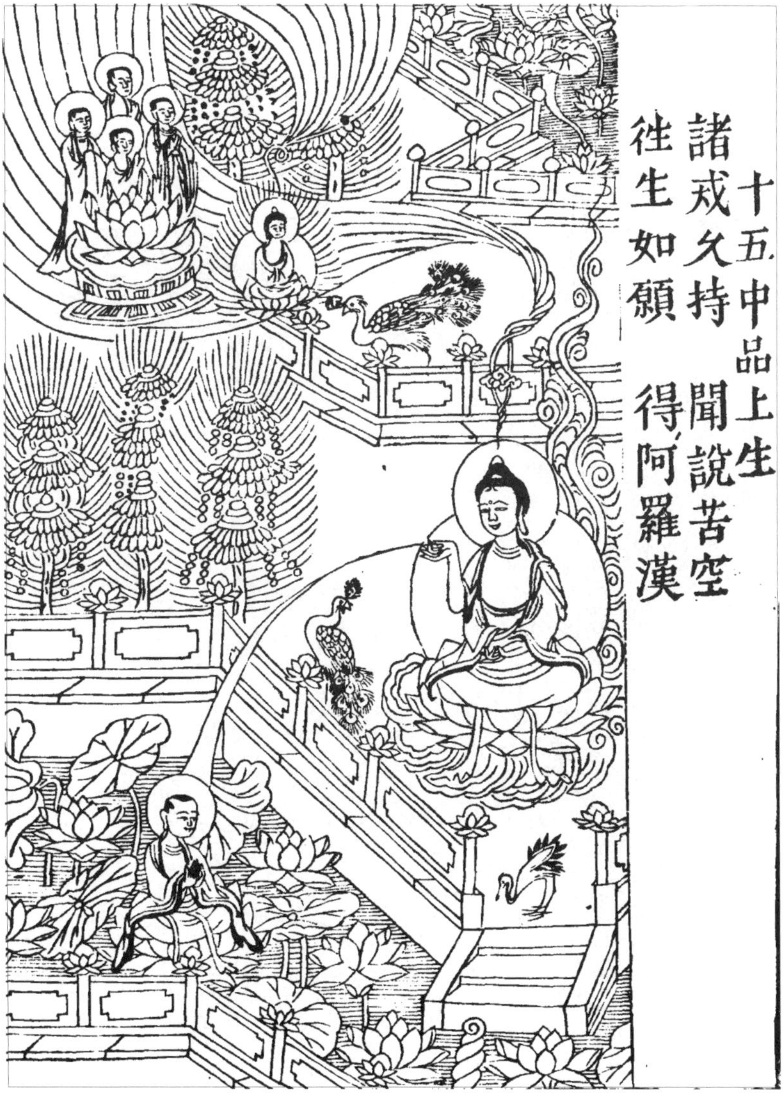

중품상생中品上生
온갖 계율 오래 지키고 원대로 왕생하여
고와 공 설함 듣고 아라한과를 얻으리라

중품중생中品中生
하루 낮 하루 밤 계를 봉행하고 극락왕생 발원하면
연꽃이 열려 부처님 친견하고 즉시 수다원과를 얻는다네

중품하생中品下生
부모에게 효도하고 벗에게 인자한 이 선지식 계도로 깨달아
관음 대세지 두 보살 만나 법을 듣고 수다원과 얻으리라

하품상생下品上生
한평생 악업을 쌓아도 죽음에 임해 선지식을 만나서
부처님 명호를 한번 불러도 보배 연못에 태어나니라

하품중생下品中生

게 허물고 악업이 극심하여 지옥불길이 한꺼번에 닥쳐도
법을 듣고 마음 돌려서 온갖 성현들이 맞이하러 오노라

하품하생下品下生

십악오역을 지은 사람은 임종시 괴로움으로 핍박받아
가르침에 십념을 칭념하면 황금색 연꽃이 앞에 머무네

정수첩요 淨修捷要

오념법문의 간단한 수행법

하련거夏蓮居 거사 집록緝錄

정종 일법(정토법문)은 행하기는 쉽고 믿기는 어려우니, 교법의 바다를 탐구하지 않은 채 강가의 나루터에서 기다리지 말아야 한다. 비록 『화엄華嚴』에서 십대원왕十大願王을 귀의처로 삼았고, 천친天親보살께서 오념五念을 수행문으로 삼았을지라도 말법시대 배움이 얕은 사람들은 쉽게 빠르게 들어가지 못하므로 반드시 『무량수경』을 숙독하여야 비로소 강요綱要를 간략히 밝힐 수 있다.

그러나 지금의 정업수행자는 대략 단지 『아미타경』만 수지하고 있고, 『아미타경』도 『진역본(秦譯)』만 수지하고 있다. 더구나 『당역본(唐譯)』을 수지할 뿐만 아니라 『무량수경』을 독송할 수 있는 사람은 매우 보기 드물다. 이것은 명호를 칭념하며 정업淨業을 닦는 사람은 많지만, 깊은 믿음과 간절한 원을 갖춘 사람은 드물기 때문이다. 이들은 믿음과 발원이 아직 깊지 않아 진실한 수용을 얻고자 하여도 또한 어렵다!

1940년 2월 나는 병고 중에 발원하여 공경히 경문을 수집하고 정종 조사의 뜻을 결합시켜 간단한 수행법(簡課)을 만들어 처음 수행하는 근기의 사람들에게 전수하였다. 몸으로 예배하고, 입으로 염송하며, 뜻으로 경문을 염하면서 삼업三業을 짓는 사이에 한 번 예배할 때마다 자기(自)와 부처님(他)이 감응할 수 있도록 찬탄 · 관찰 · 발원 · 회향을 포괄하여, 망상이 쉽게 틈을 타지 못하게 하고 정념正念이 현전하도록 하였다. 이 수행법은 수행에 필요한 시간은 작지만, 수행을 통해 거두는 효과는 매우 크다. 이 예배문을 인쇄한지 벌써 4판이 되었다. 이를 수지하여 이익을 얻고서 계속 뒤이어 수행하면 시간이 절약되고 훨씬 더 수월해져서 행자들은 매우 편하다고 말한다.

이 예배문을 따라 마음을 운전할 수 있고 오랫동안 순숙하게 익히면 곧 성덕(性)과 수덕(修)이 둘이 아니고, 경계와 지혜가 일여一如한 이치에 대해 깊이 연구하지 않아도 저절로 신해가 생긴다. 이때 다시 『무량수경』을 독송하면 정토법문에 대해 물결 따라 가는 배에 바람 따라 돛을 다니, 곧장 (생사윤회의) 강을 건너가는 것과 같다. 다만 각 예배문마다 가지런히 경문과 법어를 계념하되, 절대로 말만 번지르르하게 하지 말고, 뜻을 경솔하게 하지 말며, 몸을 오만하게 가볍게 움직이지 말라. 마땅히 정성 · 공경 · 경건한 마음을 다하여 자애로운 아미타부처님의 광명을 뵙는 듯 수행하면 바야흐로 천친보살의 사수四修36) ·

오념五念의 종지에 계합하여 잠재의식으로 옮아가 묵묵히 운전하는 가운데 저절로 은밀한 이익을 얻을 것이다.

만약 간략한 것이 싫다면 『대경오념의大經五念儀』가 있어 탈고하려고 하니, 제방의 가르침을 바란다. 마침 연합보편기도법회(1945년에 열린 식재息災법회) 삼원만三圓滿[37]의 기간에 이르러 힘써 동수同修 선남선녀의 청에 따라 간략히 앞머리에 몇 마디 그 연기를 기록하여 말하였다.

정종학인 운성鄆城 하련거夏蓮居
북경, 잠시 머무는 거처에서
환희가 무량하여 염불제念佛齋에서 적다

36) 첫째 「공경히 닦아라(恭敬修)」, 둘째 「뒤섞지 말고 닦아라無餘修」, 셋째 「중단 없이 닦아서無間修」, 넷째 「오랫동안 닦아라長時修」를 가리키다.

37) 세 가지가 원만함을 가리킴. 불법승 삼보를 두루 갖추는 것에서부터 인과와 경제적인 이익 등을 갖추는 것, 혹은 자타 그리고 자타가 모두 성취된 것을 말한다.

향찬 香贊

계율 · 선정의 진향으로 삼가 경건하게 정성 다해 수행하여 공양하옵나니, 널리 저희들로 하여금 듣고 훈습시켜 선근이 모두 자라나게 하옵소서. 향기와 심광이 시방세계에 두루 가득하고 저희들 정성 간절하오니, 부처님께서 자비로 감응하시어 저희들을 가호하시고 늘 길상케 하옵소서.

戒定真香　虔誠修供養　普令聞熏　善根皆增上
香氣心光　悉遍滿十方　誠感佛慈　加護恒吉祥

나무향운개보살마하살

나무향운개보살마하살

나무향운개보살마하살

제1배 사바세계 스승님

한마음으로 관하며 예배하옵니다. 사바세계의 교주이시며 구법계의 도사이신 여래 세존께서는 오탁악세에서 팔상으로 성도하시고, 대비심을 일으켜서 유정들을 불쌍히 여기시며, 자비한 변재로 연설하여 법안을 뜨게 하시고, 삼악도의 길을 막고 삼선도의 문을 열어주시며, 행하기는 쉬우나 믿기는 어려운 법을 선설하시나니, 오는 세상에 일체 함령들이 모두 이 법에 의지하여 해탈을 얻게 될 것입니다. 은혜가 크시고 공덕이 크신 우리들의 스승이신 석가모니부처님이시여!

一心觀禮 娑婆教主 九界導師 如來世尊 於五濁世 八相成道 興大悲 憫有情 演慈辯 授法眼 杜惡趣 開善門 宣說易行難信之法。當來一切含靈 皆依此法 而得度脫 大恩大德 本師釋迦牟尼佛。

나무본사석가모니불

(한 번 절하고 세 번 부른다)

제2배 극락세계 스승님

한마음으로 관하며 예배하옵니다. 극락세계의 교주께서는 인지에서 설법을 듣고 곧 무상정각의 마음을 내시고, 진실의 지혜에 머무시며, 수고로이 고통 짓는 생사의 근본 뿌리를 뽑아버리길 맹서하시어, 국왕의 자리를 버리고 출가하여 사문이 되셨으니, 명호가 법장이었고 보살도를 닦으셨습니다. 무량겁에 덕행을 쌓고 심었으며, 발한 수승한 대원을 모두 다 원만히 성취하여 아미타불 명호에 만덕을 갖추셨나니, 시방세계 제불께서 다 같이 칭양 · 찬탄하여 시방세계 중생들로 하여금 모두 다 그 명호를 듣게 하십니다. 극락세계로 접인하여 이끄시는 우리들의 스승이신 아미타부처님이시여!

一心觀禮 極樂教主 因地聞法 即發無上正覺之心 住真實慧 誓拔勤苦生死之本 棄國捐王 行作沙門 號曰法藏 修菩薩道 於無量劫 積植德行 所發殊勝大願 悉皆圓滿成就 名具萬德 聲聞十方 接引導師 阿彌陀佛。

나무아미타불

(한 번 절하고 세 번 부른다)

제3배 극락세계

한마음으로 관하며 예배하옵니다. 여기서 서방으로 이 사바세계를 떠나 십만 억 불국토를 지나가면 부처님 세계가 있나니, 「극락」이라 이름합니다. 법장보살이 성불하셨나니, 명호를 「아미타」라 합니다. 아미타부처님께서는 무량수불 · 무량광불이라 이름하며 여래 · 응공 · 정등각 십호가 원만하시고, 지금 극락세계에서 안온히 주지하시면서 일체 장엄을 완전히 구족하시고, 위덕이 광대하십니다. 청정불토에 계신 아미타부처님이시여!

一心觀禮 從是西方 去此世界 過十萬億佛土 有佛世界 名曰極樂 法藏成佛 號阿彌陀 名無量壽 及無量光 如來應正等覺 十號圓滿 安隱住持 具足莊嚴 威德廣大 清淨佛土 阿彌陀佛。

나무아미타불

(한 번 절하고 세 번 부른다)

제4배 법신 의정장엄

한마음으로 관하며 예배하옵니다. 아미타부처님의 청정한 법신께서는 일체 처에 두루 계시고, 생함도 멸함도 없고 가고 옴도 없나니, 이는 언어로 분별하여 알 수 있는 바가 아닙니다. 현재 서방극락세계 상적광토에서 법계의 중생을 접인하시어 사바세계의 괴로움을 여의고 구경의 즐거움을 얻도록 하십니다. 대자대비하신 아미타부처님이시여!

一心觀禮 清淨法身 遍一切處 無生無滅 無去無來 非是語言分別之所能知 但以酬願度生 現在西方極樂世界 常寂光土 接引法界衆生 離婆婆苦 得究竟樂 大慈大悲 阿彌陀佛。

나무아미타불

(한 번 절하고 세 번 부른다)

제5배 보불신토

한마음으로 관하며 예배하옵니다. 원만보신께서 거하시는 곳은 온갖 괴로움과 모든 고난, 악취와 마장 · 번뇌의 이름도 영원히 없고, 또한 사계절, 추위와 더위, 흐리고 비 오는 등의 기후변화가 없으며, 땅은 넓고 반듯하여 한계가 없고, 미묘 · 기특하여 아름다우며, 청정 장엄이 시방 일체 세계를 뛰어넘습니다. 실보장엄 정토에 계신 아미타부처님이시여!

一心觀禮 圓滿報身 所居之處 永無衆苦諸難惡趣魔惱之名 亦無四時寒暑雨冥之異 寬廣平正 微妙奇麗 超逾十方一切世界 實報莊嚴淨土 阿彌陀佛。

나무아미타불

(한 번 절하고 세 번 부른다)

제6배 수명과 광명이 무량하다

한마음으로 관하며 예배하옵니다. 아미타부처님께서는 수명이 무량하고 광명이 무량하며, 보살제자 · 성문 · 천인의 수명도 모두 무량합니다. 국토와 이름은 모두 시방세계보다 수승하고, 건립된 국토는 영원히 변치 않아 일체만물이 쇠하지도 않고 변하지도 않으며, 수승하고 희유합니다. 수명과 광명이 무량하신 아미타부처님이시여!

一心觀禮 壽命無量 光明無量 菩薩弟子 聲聞天人 壽命悉皆無量 國土 名字 都勝十方 無衰無變 建立常然 殊勝希有 阿彌陀佛。

나무아미타불

(한 번 절하고 세 번 부른다)

제7배 광명 중에 지극히 존귀하다

한마음으로 관하며 예배하옵니다. 무량수불께서는 또한 명호가 무량광불이고, 또한 명호가 무변광불 · 무애광불 · 무등광불이고, 또한 명호가 지혜광 · 상조광 · 청정광 · 환희광 · 해탈광 · 안온광 · 초일월광 · 부사의광이십니다. 광명 중에 지극히 존귀하며, 부처님 중의 왕이신 아미타부처님이시여!

一心觀禮 無量壽佛 亦號無量光佛 亦號無邊光 無礙光 無等光 亦號智慧光 常照光 清淨光 歡喜光 解脫光 安隱光 超日月光 不思議光 光中極尊 佛中之王 阿彌陀佛。

나무아미타불

(한 번 절하고 세 번 부른다)

제8배 위신광명으로 두루 제도하다

한마음으로 관하며 예배하옵니다. 무량광 무량수 여래세존께서 광명을 널리 시방세계에 비추시니, 인연이 있어 그 광명을 보는 중생들은 마음의 때가 멸하고, 선한 마음이 생겨나며, 몸과 뜻이 부드러워지고, 모든 질병의 괴로움이 멈추지 않은 이가 없으며, 일체의 근심과 번뇌 또한 벗어나지 않는 이가 없습니다. 이와 같은 위신 광명이 가장 존귀하고 제일로 뛰어나서, 시방제불은 미칠 수 없습니다. 위신광명으로 중생들을 두루 제도하시는 아미타부처님이시여!

一心觀禮 無量光壽 如來世尊 光明普照十方世界 衆生有緣遇斯光者 垢滅善生 身意柔軟 所有疾苦莫不休止 一切憂惱莫不解脫 如是威神光明 最尊第一 十方諸佛所不能及 阿彌陀佛。

나무아미타불

(한 번 절하고 세 번 부른다)

제9배 부처님께 예배드리니 광명을 나타내시다

한마음으로 관하며 예배하옵니다. 극락세계의 교주이신 본존 아미타부처님께서는 저 높은 연화대에 앉아계시며 드높은 위덕을 드러내시고 상호에서 광명을 놓아 일체 경계에 두루 비추지 않는 곳이 없습니다. 마치 황금 산처럼 바다 수면 위로 솟아올라 그 가운데 만물이 모두 가려 덮이고, 오직 부처님의 광명만이 밝고 환하게 비추며, 무수한 성문과 보살들이 공경히 둘러싸고 있습니다. 극락세계 교주이신 본존 아미타부처님이시여!

一心觀禮 極樂世界 教主本尊 於彼高座 威德巍巍 相好光明 一切境界 無不照見 如黃金山 出於海面 其中萬物 悉皆隱蔽 唯見佛光 明耀顯赫 有無數聲聞菩薩恭敬圍繞 阿彌陀佛。

나무아미타불

(한 번 절하고 세 번 부른다)

제10배 극락세계에 나타나 계시며 설법하시다

한마음으로 관하며 예배하옵니다. 극락세계의 교주이신 본존 아미타부처님께서는 지금 극락세계에 나타나 계시며, 모든 유정들을 위하여 위없이 높고 깊은 미묘한 법문을 선설하시어 중생으로 하여금 수승한 이익과 안락을 얻게 하시나니, 시방세계 보살들께서 우러러 보고 예배하며, 법을 듣고 수기 받으며, 칭양 · 찬탄하고 공양합니다. 극락세계 교주이신 본존 아미타부처님이시여!

一心觀禮 極樂世界 教主本尊 今現在彼 爲諸有情 宣說甚深微妙之法 令得殊勝利益安樂 十方菩薩瞻禮聞法 得蒙授記 稱讚供養 阿彌陀佛。

나무아미타불

(한 번 절하고 세 번 부른다)

제11배 참선과 정토는 둘이 아니다

한마음으로 관하며 예배하옵니다. 부처님께서는 마음으로 말미암아 생하고 마음은 부처님을 따라 나타나며, 마음 바깥에 경계가 없어 전체 그대로 부처님이 마음이 되고, 경계 바깥에 마음이 없어 전체 그대로 부처님이 곧 자기의 본원심성입니다. 나무아미타불 홍명이 자성을 바르게 드러내고, 극락세계 정토는 바야흐로 유심을 현현합니다. 중생의 기감에 아미타부처님께서 응현하시어 도가 교류하고 동시에 호응하나니, 십만억 노정을 떠나감에 이곳은 멀지 않습니다. 이 마음 그대로 부처님을 이루고, 이 마음 그대로 부처님이십니다. 극락세계 교주이신 본존 아미타부처님이시여!

一心觀禮 佛由心生 心隨佛現 心外無境 全佛是心 境外無心 全他即自 洪名正彰自性 淨土方顯唯心 感應道交 呼應同時 十萬億程 去此不遠 心作心是阿彌陀佛。

나무아미타불

(한 번 절하고 세 번 부른다)

제12배 밀교와 정토는 둘이 아니다

한마음으로 관하며 예배하옵니다. 현교와 밀교가 일체이고, 몸과 국토가 둘이 아니며, 칭명은 주문을 수지하는 것과 다름이 없습니다. 교주가 곧 본존 아미타부처님이시니, 대일여래 · 비로자나불께서 함께 무량광불 · 무량수불로 돌아가고, 화장세계와 밀엄세계가 극락세계를 여의지 않나니, 수직으로 과거 · 현재 · 미래 삼제를 다하고, 횡으로 시방허공에 두루 가득합니다. 극락세계 교주이신 본존 아미타부처님이시여!

一心觀禮 顯密一體 身土不二 稱名無異持咒 教主即是本尊 大日遮那 同歸光壽 華藏 密嚴 不離極樂 豎窮三際 橫遍十虛 阿彌陀佛。

나무아미타불

(한 번 절하고 세 번 부른다)

제13배 명호는 만법을 통섭한다

한마음으로 관하며 예배하옵니다. 「나무아미타불」 육자명호는 만법을 통섭하고, 일문에 깊이 들어감이 곧 보문이며, 전부 그대로 사상이 곧 이체이고, 전부 그대로 망상이 진여로 돌아가며, 전부 그대로 성덕이 수덕을 일으키고, 전부 그대로 수덕이 성덕에 존재합니다. 널리 배워 두루 찬탄함은 원래 일문에 깊이 들어가기 위함이고, 전일하게 수행함이 바로 총지이오니, 소리소리에 자기를 불러 깨우고, 생각생각에 본존을 여의지 않겠습니다. 극락세계 교주이신 본존 아미타부처님이시여!

一心觀禮 六字統攝萬法 一門即是普門 全事即理 全妄歸真 全性起修 全修在性 廣學原爲深入 專修即是總持 聲聲喚醒自己 念念不離本尊 阿彌陀佛。

나무아미타불

(한 번 절하고 세 번 부른다)

제14배 시각, 본각에 합하다

한마음으로 관하며 예배하옵니다. 무량광불 · 무량수불께서는 저희들의 본각이오니, 마음을 일으켜 염불해야 비로소 시각이라 이름하고, 저 국토의 의보 · 정보를 의지하여야 저희들의 자심이 현현하며, 시각이 본각을 여의지 않아야 구경각에 이르는 깨달음의 길로 곧장 달려갑니다. 잠시 여의어 서로 어긋나면 문득 무명에 떨어지나니, 정변지의 바다가 비록 모든 중생들의 심상에 들어갈지라도 적광은 진실로 청정하여 일체 정계情計에 관련되지 않음을 알겠습니다. 이러한 일은 미묘하여 생각하기 어렵고 절대 원융합니다. 극락세계 교주이신 본존 아미타부처님이시여!

一心觀禮 無量光壽 是我本覺 起心念佛 方名始覺 託彼依正 顯我自心 始本不離 直趨覺路 暫爾相違 便墮無明 故知正遍知海 雖入衆生心想 寂光真淨 不涉一切情計 微妙難思 絕待圓融 阿彌陀佛。

나무아미타불

(한 번 절하고 세 번 부른다)

제15배 접인 받아 왕생하다

한마음으로 관하며 예배하옵니다. 「나무아미타불 육자」 만덕홍명은 능히 온갖 죄를 소멸시키나니, 만약 일향으로 전념하면 저절로 마음 속 때와 장애가 사라지고, 도심이 순숙해질 뿐만 아니라 복덕 · 지혜가 증장하며, 임종 시에 아미타 부처님께서 수많은 대보살들과 수많은 성중들과 저희들과 인연 있는 사람들과 함께 현전하여 부처님의 자비력으로 저희들을 가지하고 보우하시어 마음이 산란하지 않고 접인 받아 극락세계에 왕생하고, 칠보연못 가운데 연꽃이 피어 아미타부처님을 친견할 것입니다. 극락세계 교주이신 본존 아미타부처님이시여!

一心觀禮 萬德洪名 能滅衆罪 果能一向專念 自然垢障消除 不但道心純熟 且可福慧增長 臨命終時 聖衆現前 慈悲加祐 令心不亂 接引往生極樂世界 七寶池中 花開得見 阿彌陀佛。

나무아미타불

(한 번 절하고 세 번 부른다)

제16배 의보가 수승하다

한마음으로 관하며 예배하옵니다. 서방정토 극락세계에는 공덕의 바람과 꽃비, 미묘한 향기와 하늘음악, 칠보연못과 칠보나무, 보배그물과 영묘한 새, 빛깔과 광명, 소리와 향이 불토에 두루 가득하고, 이와 같은 공덕장엄을 성취하여 유정들로 하여금 수승한 선근을 얻어 증장시키십니다. 대원대력의 아미타부처님이시여!

一心觀禮 極樂世界 德風華雨 妙香天樂 泉池林樹 寶網靈禽 色光聲香 遍滿佛土 成就如是功德莊嚴 增益有情 殊勝善根 大願大力 阿彌陀佛。

나무아미타불

(한 번 절하고 세 번 부른다)

제17배 정정취에 머물다

한마음으로 관하며 예배하옵니다. 극락세계 황금의 땅 위에, 줄지어선 보배 나무 사이에, 보배 연못 안에, 보배 누각 가운데 보리심을 발하고 염불하여 왕생한 사람들이 있나니, 그곳에서 정정취에 머물러 영원히 물러나지 않고, 얼굴색은 미묘하여 세간 사람들을 뛰어넘어 희유하며, 다 같은 부류이고, 생김새에 차이가 없으며, 모두 청허의 몸과 무극의 몸이나니, 이러한 상선인들은 모두 일향으로 아미타부처님을 전념하였기에 그렇습니다. 대원대력의 아미타부처님이시여!

一心觀禮 極樂世界 黃金地上 寶樹行間 蓮華池內 寶樓閣中 發菩提心 念佛往生 住正定聚 永不退轉 容色微妙 超世稀有 咸同一類 無差別相 悉是清虛之身 無極之體 諸上善人 皆由一向專念阿彌陀佛。

나무아미타불

(한 번 절하고 세 번 부른다)

제18배 일생보처의 대보살

한마음으로 관하며 예배하옵니다. 극락세계에 있는 보리수 아래에서, 칠보 난순 주변에서, 미묘한 법음을 듣고, 무생법인을 획득하여, 갖가지 대승법락과 복덕 · 지혜를 누리고, 위덕과 신통이 자재하며, 뜻하는 대로 구하는 것이 생각에 응하여 현전하나니, 이러한 일생보처의 모든 대보살들은 모두 일향으로 아미타부처님을 전념하였기에 그렇습니다. 대원대력의 아미타부처님이시여!

一心觀禮 極樂世界 菩提樹下 寶欄楯邊 聞妙法音 獲無生忍 受用種種大乘法樂 福慧威德 神通自在 隨意所須 應念現前 一生補處 諸大菩薩 皆由一向專念阿彌陀佛。

나무아미타불

(한 번 절하고 세 번 부른다)

제19배 왕생보살 성중

한마음으로 관하며 예배하옵니다. 극락세계 도량의 누각 · 강당 · 정사에서 모든 왕생하는 자는 방편유여토와 범성동거토의 성중으로 혹 즐겨 법문을 설하거나 혹 즐겨 법문을 들으며, 혹 신족통을 나타내고, 혹 허공에 있거나 혹 평지에 있어, 뜻하는 대로 수습하여 원만하지 아니함이 없나니, 이러한 보살 성중은 모두 일향으로 아미타부처님을 전념하였기에 그렇습니다. 대원대력의 아미타부처님이시여!

一心觀禮 極樂世界 道場 樓觀 講堂 精舍 諸往生者 方便同居 或樂說法 或樂聽法 或現神足 或在虛空 或在平地 隨意修習 無不圓滿 菩薩聖衆 皆由一向專念阿彌陀佛。

나무아미타불

(한 번 절하고 세 번 부른다)

제20배 일체 제불께 예배 찬탄하다

한마음으로 관하며 예배하옵니다. 일체 제불께서는 시방세계에 광장설상을 시현하여 참되고 성실한 말씀으로 무량수불의 불가사의한 공덕을 칭양 · 찬탄하시나니, 중생으로 하여금 저 부처님의 명호를 듣고 청정한 마음을 발하게 하여 억념 수지하고 귀의 공양하게 하며, 모든 선근을 매우 지극한 마음으로 회향하게 하여 발원한 대로 모두 왕생하게 하며, 불퇴전을 얻어 무상정등보리에 이르게 하십니다. 항하의 모래알 수만큼이나 많은 일체 제불이시여!

一心觀禮 十方世界 示現廣長舌相 說誠實言 稱讚無量壽佛不可思議功德 欲令衆生聞彼佛名 發清淨心 憶念受持 皈依供養 所有善根至心回向 隨願皆生 得不退轉 乃至無上正等菩提 恒河沙數諸佛。

나무아미타불

(한 번 절하고 세 번 부른다)

제21배 일체 제불께 두루 예배하다

한마음으로 관하며 예배하옵니다. 일체 제불께서는 사유 · 상하에서 본사 석가모니부처님을 칭양 · 찬탄하시고, 일체세간에 이 행하기는 쉬우나 믿기는 어려운 법을 설하여 모든 유정들에게 지극한 마음으로 신수하라고 권하시며, 시방세계의 염불중생을 호념하시여 극락세계에 왕생하게 하십니다. 항하의 모래알만큼이나 많은 세계의 일체 제불이시여!

一心觀禮 四維上下 稱讚本師於一切世間 說此易行難信之法 勸諸有情至心信受 護念十方念佛衆生 往生淨土 恒沙世界一切諸佛。

나무아미타불

(한 번 절하고 세 번 부른다)

제22배 무량수경을 예배 찬탄하다

한마음으로 관하며 예배하옵니다. 경전에서 이르길, "오는 세상에는 경전이 사라질 것이니라. 부처님께서 대자비심으로 중생들을 불쌍히 여겨 홀로 이 경전을 남기어 백 년 동안 머물게 할 것이니, 이 경전을 만나는 사람은 뜻하고 발원한 대로 모두 제도 받을 수 있을 것이라" 하셨습니다. 이러한 까닭에 저는 지금 지극한 마음으로 정례하옵나니, 광대 원만하고, 쉽고 간편하여 곧장 질러가며, 방편구경이자 제일 희유하여 만나기 어려운 법보인 《대승무량수장엄청정평등각경》이여!

一心觀禮 經云：當來經滅 佛以慈愍 獨留此經 止住百歲 遇斯經者 隨意所願 皆可得度 是故我今至心頂禮 廣大 圓滿 簡易 直捷 方便 究竟 第一希有 難逢法寶『大乘無量壽莊嚴清淨平等覺經』。

나무아미타불

(한 번 절하고 세 번 부른다)

제23배 정토법문을 예배 찬탄하다

한마음으로 관하며 예배하옵니다. 정토법문은 일승의 요의이고 만선의 동귀이며, 범부와 성인을 같이 거두어들이고, 이근과 둔근을 모두 가피하며, 단박에 팔교를 갖추고, 원만하게 오종을 거두며, 횡으로 삼계를 초월하고, 곧장 질러가 사토에 오르며, 일생에 성취해 마치고, 구품연화대에 오를 수 있게 합니다. 시방세계 제불께서 함께 찬탄하고, 천경만론이 다 함께 가리키는 보왕삼매이자 불가사의한 미묘법문이여!

一心觀禮 一乘了義 萬善同歸 凡聖齊收 利鈍悉被 頓該八教 圓攝五宗 橫超三界 逕登四土 一生成辦 九品可階 十方諸佛同讚 千經萬論共指 寶王三昧不可思議 微妙法門。

나무아미타불

(한 번 절하고 세 번 부른다)

제24배 관세음보살께 예배 찬탄하다

한마음으로 관하며 예배하옵니다. 관세음보살께서는 아미타부처님의 화신으로, 들음의 성품으로 사유하고 수행하여 삼마지에 들어가서, 돌이켜 자성을 듣고 위없는 도를 성취하게 하시며, 보살행을 닦고 서방정토에 왕생하게 하십니다. 원력이 크고 깊어 32응신으로 보문시현하시고, 소리를 좇아 고난으로부터 구제하시며, 중생의 근기에 따라 감응하시니, 만약 긴급한 위난 · 공포를 만났을 때라도, 단지 스스로 관세음보살에 귀명하기만 한다면 해탈을 얻지 못할 자가 없습니다. 만억 자마진금 빛깔의 몸을 구족하신 관세음보살님이시여!

一心觀禮 彌陀化身 從聞思修 入三摩地 返聞自性 成無上道 修菩薩行 往生淨土 願力宏深 普門示現 循聲救苦 隨機感赴 若有急難恐怖 但自皈命 無不解脫 萬億紫金身 觀世音菩薩。

나무아미타불

(한 번 절하고 세 번 부른다)

제25배 대세지보살께 예배 찬탄하다

한마음으로 관하며 예배하옵니다. 대세지보살께서는 정종의 초조이시고, 염불하는 마음으로 무생법인에 들어가고, 육근을 모두 거두어 들여 정념을 이어가서, 방편을 빌리지 않아도 자성본연에서 마음이 열리는 것을 제일로 삼으십니다. 관세음보살과 더불어 현재 극락세계에 거하시며 큰 이락을 지어서 염불중생을 섭수하여 취하고 버리지 않으시니, 중생으로 하여금 삼악도에서 떼어놓고 위없는 힘을 얻게 하십니다. 가없는 광명과 지혜의 몸을 구족하신 대세지보살님이시여!

一心觀禮 淨宗初祖 以念佛心 入無生忍 都攝六根 淨念相繼 不假方便 自得心開 入三摩地 斯爲第一 與觀世音 現居此界 作大利樂 於念佛衆生 攝取不捨 令離三途 得無上力 無邊光智身 大勢至菩薩。

나무아미타불

(한 번 절하고 세 번 부른다)

제26배 보현보살께 예배 찬탄하다

한마음으로 관하며 예배하옵니다. 보현보살께서는 무량수여래회상에서 자리를 배열함에 상수가 되시고, 덕이 무리 가운데 존자가 되시며, 화엄경의 주인으로 만행을 장엄하십니다. 금강살타로 화신하여 영원히 밀교의 초조가 되시며, 인지의 수행을 버리지 않고 두루 현묘함을 거두십니다. 십대원왕으로 극락세계로 이끌어 돌아가시는 대원대행 보현보살님이시여!

一心觀禮 無量壽如來會上 座列上首 德爲衆尊 華嚴經主 萬行莊嚴 化身金剛薩埵 永爲密教初祖 不捨因地 遍收玄妙 十大願王導歸極樂 大願大行普賢菩薩。

나무아미타불

(한 번 절하고 세 번 부른다)

제27배 문수사리보살께 예배 찬탄하다

한마음으로 관하며 예배하옵니다. 법왕의 장자이자 칠불의 스승이신 승묘길상 · 무구대성께서는 모든 중생들과 함께 극락세계에 왕생하길 발원하시고, 마음을 한 부처님에게 계념하고 전일하게 명호를 불러서, 생각 가운데 아미타부처님을 친견하게 하십니다. 일행삼매의 지혜가 크고 매우 깊으신 문수사리보살님이시여!

一心觀禮 法王長子 七佛之師 勝妙吉祥 無垢大聖 願共衆生同生極樂 繫心一佛 專稱名號 即於念中 得見彌陀 一行三昧 大智宏深 文殊師利菩薩。

나무아미타불

(한 번 절하고 세 번 부른다)

제28배 미륵보살께 예배 찬탄하다

한마음으로 관하며 예배하옵니다. 미륵보살께서는 영산회상에서 부처님의 가르침을 친히 계승하셨고, 석가모니부처님께서 대승무량수경을 수여하여 정토법문을 홍양할 것을 부촉하셨습니다. 현재 도솔천 내원궁에 계시며, 오는 세상에 용화세계 보리수 아래에서 등정각을 성취하시고 삼회의 설법을 하십니다. 복덕이 가없으신 미륵보살님이시여!

一心觀禮 靈山會上 親承佛誨 授與『大乘無量壽經』 囑以弘揚淨土法門 現在兜率內院 當來三會龍華 菩提樹下 成等正覺 福德無邊 彌勒菩薩。

나무아미타불

(한 번 절하고 세 번 부른다)

제29배 법회성중께 예배찬탄하다

한마음으로 관하며 예배하옵니다. 무량수여래회상에 모이신 사리불 등 모든 대존자와 현호보살 등 16정사들께서는 다 함께 보현대보살의 덕을 좇아서 수학하고, 무량한 행원을 구족하여서 일체 공덕 법 가운데 안온히 머물러 계십니다. 무량수여래회상에 모이신 일체 대보살님이시여!

一心觀禮 無量壽如來會上 舍利弗等諸大尊者 及賢護等十六正士 咸共遵修普賢大士之德 具足無量行願 安住一切功德法中 諸大菩薩。

나무아미타불

(한 번 절하고 세 번 부른다)

제30배 연종 조사와 모든 대사님께 예배 찬탄하다

한마음으로 관하며 예배하옵니다. 위로부터 내려오시면서 연종의 조사들로 선종을 홍양하셨고, 교법을 강설하셨지만, 마침내 정토로 귀의하여 회향하신 모든 대선지식과 저희들에게 귀의 · 수계 · 전법 · 관정을 전하신 모든 대사들이시여!

一心觀禮 從上以來 蓮宗諸祖 暨弘宗演教 皈向淨土 諸大善知識 以及本身 皈依 授戒 傳法 灌頂 諸位大師。

나무아미타불

(한 번 절하고 세 번 부른다)

제31배 삼보를 두루 예배하다

한마음으로 관하며 예배하옵니다. 진허공 · 변법계에 상주하시는 삼보님과 시방세계 호법보살, 금강 · 범천과 천룡팔부, 이러한 성현 등의 성중이시여!

一心觀禮 盡虛空 遍法界 常住三寶 十方護法菩薩 金剛 梵 天 龍 神 聖賢等衆。

나무아미타불

(한 번 절하고 세 번 부른다)

제32배 두루 대신 참회 회향하다

한마음으로 세세생생 이어온 삶 가운데 만난 부모님, 스승님과 어른, 육친권속과 원친채주 등의 대중들을 대신하여 삼보에 정례하고 참회를 구하오니, 불쌍히 여겨 주시옵소서. 널리 법계중생을 대신하여 서방 극락세계에 회향하오니, 다 함께 정토에 왕생하고 다 함께 일체종지를 원만히 이루게 하옵소서.

一心代爲生生世世 及現在生中父母 師長 六親眷屬 冤親等衆 頂禮三寶 求哀懺悔 普代法界衆生 回向西方極樂世界 同生淨土 同圓種智。

나무아미타불

(한 번 절하고 세 번 부른다)

무량수불 찬탄

무량수불 감로왕의 위덕과 원력은 헤아려 측량하기 어렵습니다. 홍명을 공경히 정성 다해 칭하면 재난·장애가 소멸하고, 삼계의 불타는 집은 극락의 청량한 연못으로 변화되며, 보리심 가운데 부처님께서 광명으로 접인하십니다.

복혜의 선근이 저절로 증장하나니, 방황하지 않고 일향으로 아미타 부처님을 전념하겠습니다. 부지런히 계율·선정의 진향으로 훈습하여 신·원·행 세 가지를 서방에 왕생하는 자량으로 삼아 자비의 배를 타고 고통의 바다를 건너가겠습니다.

無量壽佛甘露王　威德願力難量　洪名虔稱消災障　化火宅爲清涼
菩提心中接佛光　福慧善根自長　一向專念莫徬徨　勤熏戒定香
信願行三是資糧　苦海得慈航

나무서방극락세계
대자대비 대력 접인도사 아미타불
나무아미타불 (천번 혹은 만번 부른다)

오직 원하옵건대 (惟願)

천하가 화순하고, 해와 달이 청명하며, 비바람이때에 맞추어 불고, 재난이 일어나지 않으며, 나라는 풍요롭고 국민은 편안하여 병사와 무기를 쓸 일이 없게 하옵소서. 또한 사람들은 도덕을 숭상하고, 인자한 사랑을 베풀며, 힘써 예절과 겸양을 닦아, 나라에 도적이 없으며, 원망하고 억울한 사람이 없으며, 강한 자가 약한 자를 능멸하지 않고, 각자 자신의 자리를 잡게 하옵소서.

天下和順　日月清明　風雨以時　災厲不起
國豐民安　兵戈無用　崇德興仁　務修禮讓
國無盜賊　民無怨枉　強不凌弱　各得其所

그리고 원하옵건대 저희들이 수행한 공덕으로 법계의 일체중생과 모든 육도 · 사생 및 숙세의 원친채주와 현세의 업으로 지은 온갖 빚을 법력에 의지하여 모두 다 벗어나게 하시고, 현재 살아가는 자로 하여금 복을 증진하고 수명이 늘어나게 하시며, 이미 고인이 된 자로 하여금 정토에 왕생하여 다 같이 생사고통의 수레바퀴로부터 벗어나서 다 함께 깨달음의 언덕에 오르게 하옵소서.

並願以印行功德　回向法界一切有情
所有六道四生　宿世冤親　現世業債　咸憑法力　悉得解脫
現在者增福延壽　已故者往生淨土　同出苦輪　共登覺岸

도서출판 비움과소통의 정토서적들

도서출판 비움과소통의 정토서적들

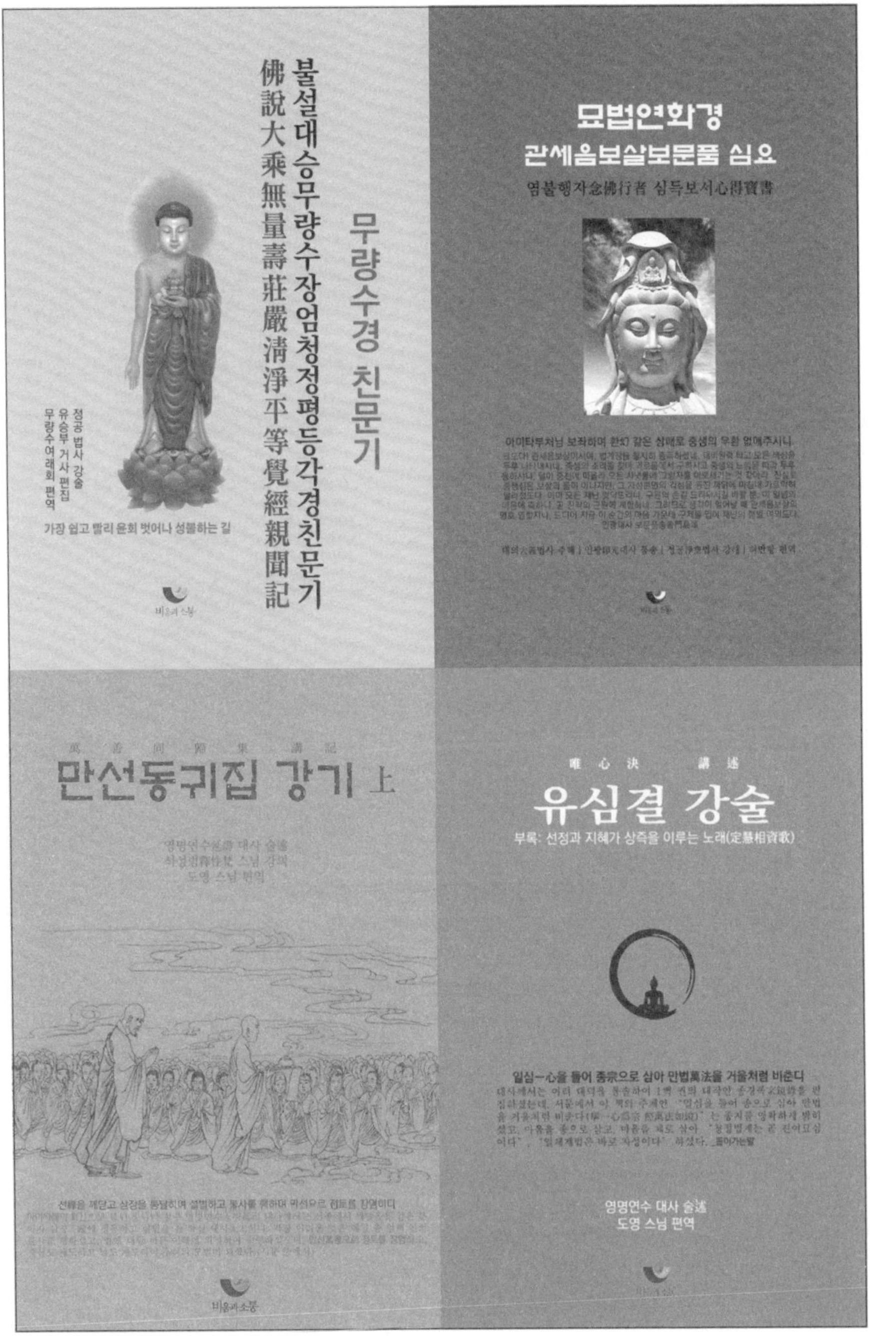

왕생론 강기

1판 1쇄 펴낸 날 2020년 2월 21일

강술 정공스님 **번역** 도영스님
발행인 김재경 **편집** 허만항 **디자인** 김성우 **마케팅** 권태형 **제작** 경희정보인쇄
펴낸곳 도서출판 비움과소통(blog.daum.net/kudoyukjung)
경기 파주시 하우고개길 151-17 예일아트빌 103동 102호
전화 031-945-8739 팩스 0505-115-2068
이메일 buddhapia5@daum.net

ISBN 979-11-6016-061-1 93150